Estado Pós-Democrático

Rubens R R Casara

Estado Pós-Democrático
Neo-obscurantismo e gestão dos indesejáveis

6ª edição

Rio de Janeiro
2020

Copyright © Rubens R R Casara, 2017

Foto de capa: Phillip Evans/Alamy Stock Photo

CIP-BRASIL. CATALOGAÇÃO NA PUBLICAÇÃO
SINDICATO NACIONAL DOS EDITORES DE LIVROS, RJ

Casara, Rubens R R
C33e   Estado pós-democrático: neo-obscurantismo
6ª ed. e gestão dos indesejáveis/Rubens R R Casara. –
6ª ed. – Rio de Janeiro: Civilização Brasileira, 2020.
240 p.; 21 cm.

Inclui bibliografia
ISBN 978-85-200-0950-5

1. Neoliberalismo. I. Título.

17-43538
CDD: 338.9
CDU: 338.1

Todos os direitos reservados. É proibido reproduzir, armazenar ou transmitir partes deste livro, através de quaisquer meios, sem prévia autorização por escrito.

Texto revisado segundo o novo Acordo Ortográfico da Língua Portuguesa.

Direitos desta edição adquiridos pela
EDITORA CIVILIZAÇÃO BRASILEIRA
Um selo da
EDITORA JOSÉ OLYMPIO LTDA.
Rua Argentina, 171 – Rio de Janeiro, RJ – 20921-380 –
Tel.: (21) 2585-2000

Seja um leitor preferencial Record.
Cadastre-se no site www.record.com.br
e receba informações sobre nossos
lançamentos e nossas promoções.

Atendimento e venda direta ao leitor:
sac@record.com.br

Impresso no Brasil
2020

Para Marcia Tiburi, sempre.

Sumário

Introdução   9

1. Do Estado Democrático de Direito ao Estado Pós-Democrático   19

2. Neoliberalismo e estratégias de controle   47

3. O finado Estado Democrático de Direito e sua aposta na superação do autoritarismo   59

4. A exceção virou regra   69

5. O empobrecimento do imaginário   77

6. O crescimento do pensamento autoritário   85

7. Sistema de Justiça Criminal: uma questão de poder   91

8. O Sistema de Justiça Criminal e sua tradição autoritária   105

9. A ideologia no Estado Pós-Democrático   115

10. Poder Judiciário: de "garantidor" dos direitos a realizador das expectativas do mercado e dos espectadores   125

11. O Ministério Público: da esperança democrática a agente pós-democrático — 135

12. Liberdade: um valor esquecido na pós-democracia — 141

13. A relativização da presunção de inocência: um sintoma da pós-democracia — 149

14. A espetacularização do Sistema de Justiça Criminal — 157

15. Um tribunal que julgava para agradar a opinião pública — 171

16. O Estado Pós-Democrático no Brasil: gestão dos indesejáveis (a criminalização da pobreza e os casos do Mensalão, da Lava Jato e do impeachment da presidenta Dilma). — 179

17. Violência e corrupção no Estado Pós-Democrático — 211

18. Democracia: coragem para restabelecer as regras do jogo — 219

19. Em busca da liberdade perdida — 225

Referências bibliográficas — 231

Introdução

Vivemos um momento de crise do Estado Democrático de Direito? Um grande número de pessoas responderia sim a essa pergunta. Elas acreditam que estamos diante de uma "pausa democrática"[1] ou mesmo de uma quadra histórica excepcional em que o "velho" apresenta sinais de fadiga, mas o "novo" ainda não nasceu. Ao que parece, e o que pretendo demonstrar ao longo deste livro, essa visão – que poderia ser chamada de otimista – de que o Estado Democrático de Direito subsiste e passa por uma crise está errada.

Em sua origem, a palavra "crise" (do grego *krísis*) era um termo médico que retratava o momento decisivo em que o doente, em razão da evolução da enfermidade, melhorava ou morria. Há na crise tanto eros

---

1. Em manifestação no evento Brazil Conference, organizado por estudantes da Harvard University e do Massachusetts Institute of Technology, o ex-ministro do Supremo Tribunal Federal (STF) Ayres Brito afirmou que o Brasil vive uma "pausa democrática", uma espécie de "freio de arrumação" da sociedade.

ESTADO PÓS-DEMOCRÁTICO

quanto tânatos, pulsão de vida e pulsão de morte, a esperança de continuidade e o medo ligado ao desconhecido. A crise apresenta-se como uma situação ou um momento difícil que pode modificar, extinguir ou mesmo regenerar um processo histórico, físico, espiritual ou político. Ou seja, é uma excepcionalidade que repercute no desenvolvimento ou na continuidade de algo. Trata-se de uma situação que irrompe como resultado da condensação de contradições que podem, ou não, ser superadas.

Ao se falar em crise, portanto, admite-se a possibilidade da sobrevivência do fenômeno ou da continuidade do processo. Ao se declarar a crise do Estado Democrático de Direito, afirma-se que ele ainda existe, que seus fundamentos permanecem íntegros. Admitir a crise do Estado Democrático de Direito importa em afirmar a existência de um modelo de organização política vinculado ao princípio da legalidade estrita, isto é, subordinado a leis gerais e abstratas emanadas de órgãos político-representativos e vinculadas ao projeto constitucional (em especial, aos direitos e garantias fundamentais). O discurso da crise supõe que subsistam limites rígidos ao exercício do poder – de qualquer poder, até do econômico.

A crise não se refere a um mero instante disfuncional de um sistema coerente e harmônico, isso porque no mundo-da-vida não se pode ignorar o constante

INTRODUÇÃO

movimento e as rupturas inerentes às contradições ou mesmo à luta de classes, ainda que disfarçada, em razão das estratégias de homogeneização típicas da razão neoliberal, que levam à ideologia do fim da história e das classes. Mesmo que se admita a tese da superação das classes,[2] reservando-se ao sistema (para o qual alguns atribuem o nome de Império) a responsabilidade pelas mudanças sofridas por todos que participam da sociedade capitalista – sem que se recorra ao conceito de classes, a exploração do outro desaparece para dar lugar à autoexploração, ainda que inconsciente, em favor do capital –, não se pode negar que as disfunções são inerentes ao funcionamento do sistema. Em outras palavras, elementos disfuncionais são normais aos sistemas sociais. A crise, portanto, é algo mais grave, com potencial de destruição dos processos e do sistema de reprodução social.

Da mesma forma, a crise não pode ser confundida com uma fase ou um estágio lógico ou necessário do processo, porque as crises, em sua maioria, poderiam ser evitadas. Acreditar na inevitabilidade da crise – e essa crença, não raro, é produzida pelos detentores do

---

2. Nesse sentido, por todos: Byung-Chul Han. *No enxame: reflexões sobre o digital* (trad. Miguel Pereira). Lisboa: Relógio D'Água, 2016.

ESTADO PÓS-DEMOCRÁTICO

poder econômico –, aderir ao fetichismo naturalístico, leva ao imobilismo próprio das perspectivas deterministas e positivistas, funcionais para uma atitude conformista diante das crises e das desigualdades sociais. A crise é, por definição, algo excepcional, uma negatividade que põe em xeque o processo ou o sistema, mas que justamente por isso o confirma como algo que ainda existe e pode ser salvo, desde que a negatividade seja extirpada ou transformada em positividade.

Por outro lado, se a situação que se afirma constituir um quadro de "crise" adquire ares de normalidade, ou melhor, se a afirmação da existência de uma crise é inerente (e funcional) ao *status quo*, se as características que compõem a "crise" nunca passam (nem podem passar), se a crise se torna "permanente", impõe-se investigar se há mesmo um quadro de crise. Uma crise permanente, que se apresente como funcional, útil para a geração de lucros a partir da produção de novos serviços e mercadorias, bem como à repressão necessária à manutenção do projeto político e econômico imposto em determinado Estado, não é mais uma negatividade, um desvio, e sim uma positividade cara ao modelo neoliberal. Pode-se, então, pensar a utilização do termo "crise" como um recurso retórico, como um elemento discursivo capaz de esconder as características estruturantes do atual modelo de Estado. Se

INTRODUÇÃO

não convém afirmar o desaparecimento do Estado Democrático de Direito, falar em crise serve para ocultar uma mudança paradigmática. O que hoje se afirma como "crise", não o é. Se a "crise" é permanente, se a "crise" não pode passar, não é de crise que se trata, mas de uma nova realidade, uma trama simbólico-imaginária com novos elementos que se diferenciam daqueles que constituíam a realidade anterior, uma realidade que, hoje, existe apenas como lembrança, embora essa lembrança possa produzir efeitos ilusórios de que aquilo que não existe mais ainda se faz presente.

"Crise" tornou-se uma palavra-fantasma, que evoca o que está morto e paralisa os que vivem. De fato, "crise" deixou de retratar um momento de indefinição, provisório, emergencial ou extraordinário. Trata-se de um termo que passou a ser usado para ocultar uma opção política por manobras e ações justificadas pela falsa urgência ou pelo falso caráter extraordinário do momento. Uma palavra com função docilizadora, que aponta para um processo ou um sistema que não existe mais, mas cuja lembrança serve para tranquilizar aqueles que esperam por algo que não irá retornar.

Ao longo da história, as crises sempre foram utilizadas, quando não fabricadas, para permitir ações excepcionais, atitudes que não seriam admitidas em situações de normalidade. Não por acaso, os de-

ESTADO PÓS-DEMOCRÁTICO

fensores de medidas que restringem direitos e os entusiastas dos golpes de Estado (para não ir muito longe, é possível pensar no Brasil de João Goulart e no Chile de Salvador Allende) sempre buscam justificação a partir da afirmação da existência de um quadro de crise. Nos atos voltados a minar a democracia italiana em 1948 – em que o governo dos Estados Unidos temia um resultado eleitoral desfavorável aos interesses das empresas norte-americanas –, ou no golpe contra o governo democraticamente eleito da Guatemala em 1954, a crise foi fabricada e útil aos interesses das grandes empresas estrangeiras. Percebe-se, pois, que o uso político das crises não é novo, que o digam os gestores da Doutrina do Choque,[3] com especial destaque para Milton Friedman e os Chicago Boys, que "produziram" a crise do Chile, o que permitiu tanto a criação de um laboratório para o neoliberalismo quanto a repressão e o terror comandados por Augusto Pinochet. O que há de inédito, na atual quadra histórica, é que a crise é apresentada explicitamente como permanente e não esconde a positividade em relação aos interesses neoliberais.

Note-se que não se trata de uma fase de transição. A crise, de fato, existiu, mas deu lugar a algo

---

3. Vale aprofundar esse tema com Naomi Klein, em seu *Doutrina do choque: a ascensão do capitalismo do desastre.*

INTRODUÇÃO

diferente. A crise, aliás, é uma constante do capitalismo, que necessita transformar as condições de sua existência em meio ao desequilíbrio estrutural que lhe é inerente. Porém, agora, não é mais de crise que se trata. Quando desaparece qualquer preocupação até com a mera aparência democrática, o passo decisivo em direção ao novo já foi dado. O novo já chegou, o que não significa que todos os resquícios do Estado Democrático de Direito desapareceram. É justamente a permanência de alguns institutos e práticas do Estado Democrático que leva à ilusão de que ele ainda existe. É essa ilusão que dociliza aqueles que acreditam que se está no marco do Estado Democrático de Direito. Esses "otimistas" esquecem que em nenhuma mudança paradigmática o "velho" desaparece com facilidade. Vale recordar que dispositivos, normas, discursos e práticas típicas dos Estados Autoritários também estavam disponíveis e foram utilizados no Estado Democrático.

Como lembra Rui Cunha Martins, o Estado pode ser pensado como um supermercado, no qual estão, lado a lado, produtos democráticos e produtos autoritários que serão usados ao gosto dos detentores do poder político, em especial diante das necessidades que se apresentem. O que existiu deixa marcas (e produtos). A "metáfora do supermercado" de Cunha Martins ajuda a entender de que maneira modelos

ESTADO PÓS-DEMOCRÁTICO

democráticos recorrem a instrumentos autoritários em situações de crise, bem como por que governos autoritários podem apresentar notas democráticas. Agora, porém, o quadro é outro: não se trata de recorrer ocasionalmente a um instrumental autoritário em plena democracia, mas de reconhecer que o Estado não pode mais ser tido como democrático, em especial diante da forma como trata os direitos e as garantias fundamentais. Não há crise. O que chamam de "crise" é, na verdade, um modo de governar as pessoas.

Diante desse cenário, impõe-se desvelar o que se esconde por detrás dessa afirmada "crise paradigmática" do Estado Democrático de Direito, desse ordinário travestido de "crise" que leva ao "Estado de Exceção permanente", fenômeno que já preocupava Walter Benjamin, mas que ganhou maior potencial a partir do fim da década de 1970 e início da de 1980. A hipótese deste livro é a de que não há verdadeira crise paradigmática. A figura do Estado Democrático de Direito, que se caracterizava pela existência de limites rígidos ao exercício do poder (e o principal desses limites era constituído pelos direitos e garantias fundamentais), não dá mais conta de explicar e nomear o Estado que se apresenta. Hoje, poder-se-ia falar em um Estado Pós-Democrático, um Estado que, do ponto de vista econômico, retoma com força

INTRODUÇÃO

as propostas do neoliberalismo, ao passo que, do ponto de vista político, se apresenta como um mero instrumento de manutenção da ordem, controle das populações indesejadas e ampliação das condições de acumulação do capital e geração de lucros.

1. Do Estado Democrático de Direito ao Estado Pós-Democrático

Ao se falar em Estado Democrático de Direito se evoca, em termos weberianos, um "tipo ideal" de Estado que tem o compromisso de realizar os direitos fundamentais e tem como principal característica a existência de limites legais ao exercício do poder. O Estado Democrático de Direito é, portanto, sinônimo de Estado Constitucional, ou seja, um Estado em que os indivíduos e, em especial, os agentes estatais, estão sujeitos à lei, não como no velho paradigma positivista ("sujeição à letra da lei"), mas sujeitos à lei coerente com a Constituição da República. Tem-se, então, um tipo de ordenamento no qual o poder público está rigidamente limitado e vinculado à lei adequada à normatividade constitucional, tanto no plano substancial (relativo aos

ESTADO PÓS-DEMOCRÁTICO

conteúdos relevantes) quanto no plano processual/ procedimental (relativo às formas processualmente vinculantes).

No Estado Democrático de Direito busca-se limitar os espaços de arbítrio e opressão, em especial em razão da incidência do princípio da legalidade estrita. Por legalidade estrita entende-se a técnica legislativa que se dirige a disciplinar e limitar o mais rigidamente possível o exercício dos poderes estatais e, principalmente, a violência institucional, por meio da determinação normativa de seus pressupostos. A legalidade estrita exige uma produção legislativa dotada de referências empíricas para que seja possível a sua aplicação a partir de eventos ou proposições verificáveis.

Em síntese, o tipo ideal "Estado Democrático de Direito" resgata a tradição ilustrada e liberal que sustenta, diante da grande antítese entre liberdade e poder, presente em toda a história humana (e que se traduz na ideia de que "quanto maior a liberdade, menor o poder e vice-versa"), a ampliação da esfera de liberdade e a restrição dos espaços que permitem o exercício arbitrário do poder. A opção política que levou ao Estado Democrático de Direito, construída após a Segunda Guerra Mundial, é a de que o poder deve ser limitado a fim de evitar novos holocaustos e permitir o exercício da máxima liberdade (vida plena), compatível com igual liberdade dos demais

DO ESTADO DEMOCRÁTICO DE DIREITO AO ESTADO...

(vida plena dos outros). Não por acaso, os direitos e as garantias fundamentais previstos na Constituição da República tornaram-se os principais limites ao exercício do poder.

Em todos os tipos de Estado, e mesmo no Estado Democrático de Direito, existem manifestações de poder que escapam da legalidade. A violação da legalidade não é um fato surpreendente. Ao longo da história, e Marx já havia percebido isso, a legalidade esteve (quase) sempre a serviço do poder, e sua função se limitava a legitimar "a lei do mais forte". Na realidade, o Estado concreto, mesmo que aposte na lei e no direito para evitar abusos, convive sempre com uma margem de ilegalidade produzida por particulares e, principalmente, pelo próprio Estado, porque, ao contrário do que muitos defendem, é o poder político que estabelece e condiciona o direito. Condicionado, o direito tende a ser afastado sempre que necessário à realização do poder, de qualquer poder. Nesse movimento de expansão do poder, podem existir crises do Estado Democrático de Direito.

O que há de novo na atual quadra histórica, e que sinaliza a superação do Estado Democrático de Direito, não é a violação dos limites ao exercício do poder, mas o desaparecimento de qualquer pretensão de fazer valer esses limites. Isso equivale a dizer que não existe mais uma preocupação democrática, ou melhor, que os valores do Estado Democrático de Direito não pro-

ESTADO PÓS-DEMOCRÁTICO

duzem mais o efeito de limitar o exercício do poder em concreto. Em uma primeira aproximação, pode-se afirmar que na pós-democracia desaparecem, mais do que a fachada democrática do Estado, os valores democráticos.

Os sintomas pós-democráticos estão presentes na sociedade, da mercantilização do mundo à sociedade do espetáculo, do despotismo do mercado ao narcisismo extremo, da reaproximação entre o poder político e o poder econômico ao crescimento do pensamento autoritário, sempre a apontar na direção do desaparecimento dos valores democráticos e dos correlatos limites rígidos ao exercício do poder, que hoje existem apenas como um simulacro, como um totem que evoca conquistas civilizatórias do passado, mas que hoje não passam de lembranças que confortam.

Na medida em que a democracia liberal nunca atendeu às promessas feitas em seu nome, a propaganda democrática produzida nos Estados Unidos, potencializada durante a Guerra Fria, e que para muitos sempre constituiu um embuste, impede que hoje se abra mão do significante "democracia". Não há como os detentores do poder político e/ou econômico, depois de décadas de propaganda vendendo a ideia de democracia como uma forma superior, atacarem abertamente os valores que a constituem, sobretudo o valor liberdade. Todavia, mais do que nunca, mostra-se certeira a famosa afirmação de Huey Long, de que, se alguma vez o fascismo surgir na América, ele será denominado de antifascismo. O desaparecimento dos valores democráticos se deu em nome da "democracia", o encobrimento "democrático" de movimentos antidemocráticos tornou-se uma constante desde o século passado. Não por acaso, como percebeu Adorno, "o ataque americano à democracia geralmente tem lugar em nome da democracia".

Por "Pós-Democrático", na ausência de um termo melhor, entende-se um Estado sem limites rígidos ao exercício do poder, isso em um momento em que o poder econômico e o poder político se aproximam, e quase voltam a se identificar, sem pudor. No Estado Pós--Democrático a democracia permanece, não mais com um conteúdo substancial e vinculante, mas como mero simulacro, um elemento discursivo apaziguador. O ganho democrático que se deu com o Estado Moderno, nascido da separação entre o poder político e o poder econômico, desaparece na pós-democracia e, nesse particular, pode-se falar em uma espécie de regressão pré-moderna, que se caracteriza pela vigência de um absolutismo de mercado.

A expressão "pós-democracia" costuma ser atribuída ao cientista político inglês Colin Crouch, que a utilizou para designar o momento em que há o pleno funcionamento (formal) das instituições democráticas (eleições, liberdade de expressão etc.), mas no qual a dinâmica democrática progressivamente desaparece.

Assim, segundo um exemplo de Crouch, não obstante as eleições, o poder de produzir decisões políticas estaria se deslocando da arena democrática para pequenos grupos. A pós-democracia indicaria, basicamente, uma transferência do poder real. Para essa concepção de pós-democracia, ainda há uma fachada democrática, mas as decisões políticas passaram a ser tomadas pela direção das grandes corporações transnacionais, pelos mercados, pelas agências de classificação etc. O conceito de Crouch, porém, está condicionado por uma visão típica do Norte global e foi construído para um contexto marcado por tentativas mais consistentes de implementar um verdadeiro Estado do Bem-Estar Social – ainda que como concessão em nome da luta anticomunista –, no qual os direitos fundamentais ainda gozam de prestígio.

Para além da percepção de Crouch, a pós-democracia revela-se ainda mais complexa e dramática em países nos quais a luta contra concepções abertamente autoritárias e pela concretização de direitos básicos ainda estava distante de ser dada como encerrada. É na América Latina e na África que se torna possível perceber que a pós-democracia não se limita a sinalizar a transferência do poder decisório para as grandes corporações, naquilo que alguns denominam "governo das finanças". No Sul global, torna-se mais evidente a ruptura com o Estado Democrático de Di-

DO ESTADO DEMOCRÁTICO DE DIREITO AO ESTADO...

reito, e mesmo com os valores da democracia liberal.
Não há sequer a fachada democrática descrita por Colin
Crouch, Yves Sintomer, entre outros. A expressão "Pós-Democrático", para dar nome à
hipótese de que o Estado Democrático de Direito foi su-
perado, vai ao encontro da afirmação de Pierre Dardot e
Christian Laval, de que "o neoliberalismo está levando
à era pós-democrática". De fato, o "Pós-Democrático"
é o Estado compatível com o neoliberalismo, com a
transformação de tudo em mercadoria. Um Estado que,
para atender ao ultraliberalismo econômico, necessita
assumir a feição de um Estado Penal, de um Estado
cada vez mais forte no campo do controle social e voltado à consecução dos fins desejados pelos detentores
do poder econômico. Fins que levam à exclusão social
de grande parcela da sociedade, ao aumento da violência – não só da violência física, que cresce de forma
avassaladora, como também da violência estrutural,
produzida pelo próprio funcionamento "normal" do Estado Pós-Democrático –, à inviabilidade da agricultura
familiar, à destruição da natureza e ao caos urbano,
mas que necessitam do Estado para serem defendidos e,
em certa medida, legitimados aos olhos de cidadãos
transformados em consumidores acríticos.

Ao contrário do que sustentam os discursos de viés
liberal dos que estão satisfeitos com o Estado Pós-
-Democrático, não há diminuição da intervenção estatal
na vida da sociedade. Em outras palavras, o cidadão

não se viu livre da opressão e do arbítrio estatal. Por outro lado, o Estado Pós-Democrático revela-se um Estado forte e com tendências arbitrárias, possivelmente o Estado menos sujeito a controle desde a criação do Estado Moderno. A pós-democracia é um modelo estatal aberto a novos despotismos, no qual se permite tanto a concentração de poderes quanto a existência daquilo que Luigi Ferrajoli chamou de "poderes selvagens", poderes sem limites.

Na pós-democracia, o político torna-se, como desejava Carl Schmitt em 1932, o mero espaço da dicotomia amigo e inimigo. Essa diferenciação política entre amigo e inimigo tem a função de caracterizar o extremo grau de intensidade da adesão e funcionalidade à razão neoliberal. No Estado Pós-Democrático, a diferenciação exclusivamente política, já que desaparecem as funções que constituíam o "braço esquerdo" do Estado – tais como as políticas inclusivas e de redução da desigualdade –, é a diferenciação entre "amigo" do mercado e "inimigo" do mercado; este último será o indivíduo indesejável sobre o qual recairá o poder penal.

Em suma, pode-se afirmar que, para sobreviver, o Estado Capitalista exigiu em diferentes quadras históricas o Estado Liberal de Direito, o Estado Social de Direito, o Estado Fascista, o Estado Democrático de Direito e, agora, o Estado Pós-Democrático.

Para tornar-se hegemônico e superar definitivamente o Estado Absolutista, o projeto capitalista exigiu um

DO ESTADO DEMOCRÁTICO DE DIREITO AO ESTADO...

Estado regulado por leis, em que prevalecia a ideia de separação entre o Estado e a sociedade civil (a sociedade civil, *locus* da atividade mercantil, espaço vedado para o Estado), no qual a propriedade e a liberdade (entendida como liberdade para adquirir e possuir sem entraves, liberdade originária da qual derivariam todas as outras liberdades) eram compreendidas como os dois principais direitos fundamentais do indivíduo e em que o significante "democrático" aparecia para enfatizar a oposição em relação ao princípio monárquico do Estado Absolutista.

Com o agravamento da situação econômica de grande parcela da população, o aprofundamento dos conflitos sociais e a ameaça corporificada nas experiências socialistas, somados à perda da confiança no funcionamento concreto da "mão invisível" e das "leis naturais" do mercado, o Estado de Direito Liberal foi gradualmente substituído por um Estado Social de Direito, que nasce como uma solução de compromisso entre os defensores do *status quo* e os que lutavam por transformações sociais. Têm razão, portanto, os pesquisadores que apontam o efeito mistificador e ideológico do Estado Social, que se revelou capaz de frear os ímpetos dos movimentos revolucionários e os protestos das classes não capitalistas. Como afirma Avelãs Nunes, tratou-se da primeira tentativa de substituir a "mão invisível" da economia pela mão invisível do direito. No modelo do Estado Social de Direito,

ESTADO PÓS-DEMOCRÁTICO

em que se percebe certa prevalência do político sobre o econômico, o Estado assume a função de realizar a "justiça social", assegurar o pleno desenvolvimento de cada um e concretizar o projeto de vida digna para todos (princípio da dignidade da pessoa humana). Entretanto, em um quadro de crise econômica profunda, no qual a debilidade da economia nos países capitalistas não permitia minimamente a realização das promessas do Estado Social, com os detentores do poder econômico sedentos por aumentar seus lucros, o projeto capitalista teve que assumir a forma de um Estado Fascista, antidemocrático e antissocialista. Um Estado que apostava na força como resposta para manter a ordem (e a exploração capitalista) e resolver os mais variados problemas sociais, na medida em que incentivava a ausência de reflexão. O Estado Fascista era um Estado de Direito, mas o direito no modelo fascista não representava um limite ao arbítrio e à opressão.

Com a derrota política e militar dos Estados Fascistas e a percepção capitalista de que o fascismo clássico deixara de atender os objetivos imediatos do projeto capitalista, retomou-se a aposta em um modelo de Estado marcado pela existência de limites ao exercício do poder (poderes que poderiam ser disfuncionais ao projeto capitalista), dentre os quais se destacam os direitos fundamentais – a construção da categoria "direitos fundamentais" costuma ser idealizada, com a

DO ESTADO DEMOCRÁTICO DE DIREITO AO ESTADO...

desconsideração tanto do caráter eurocêntrico quanto da funcionalidade política dessa formulação.

A aposta, porém, revelou-se equivocada à luz do projeto de exploração capitalista, à medida que os direitos fundamentais passaram a constituir obstáculos até ao poder econômico. Com isso, a razão neoliberal, nova forma de governabilidade das economias e das sociedades baseada na generalização do mercado e na liberdade irrestrita do capital, levou ao Estado Pós--Democrático de Direito.

O Estado Pós-Democrático assume-se como corporativo e monetarista, com protagonismo das grandes corporações e destaque para as corporações financeiras, na tomada das decisões de governo. Como apontou Vandana Shiva, uma "democracia" das grandes corporações, pelas grandes corporações, para as grandes corporações. Um Estado em que o governo se põe abertamente a serviço do mercado, da geração de lucro e dos interesses dos detentores do poder econômico, o que faz com que desapareça a perspectiva de reduzir a desigualdade, enquanto a "liberdade" passa a ser entendida como a liberdade para ampliar as condições de acumulação do capital e a geração de lucros. Na pós--democracia, a liberdade intocável é apenas a que garante a propriedade privada, a concentração dos meios de comunicação de massa, a fabricação de "próteses de pensamento" – televisores, computadores, smartphones etc. – capazes de substituir cidadãos por consumidores

ESTADO PÓS-DEMOCRÁTICO

acríticos, a acumulação de bens, os interesses das grandes corporações e a circulação do capital financeiro. Entra em cena, com a razão neoliberal, a concepção gestionária do mundo. A complexidade política, que envolve positividades e negatividades, é demonizada e substituída pela gestão, apresentada como mera positividade. Tem-se o império do *management*,[4] que mobiliza meios financeiros colossais, incentiva/produz a fé na "boa gestão", detém e utiliza os meios de comunicação de massa e as técnicas direcionadas ao que a tradição chamou de "conquista dos corações". *Management*, hoje, é um significante que não se localiza no espaço e abarca tudo, da casa aos serviços públicos, dos espetáculos ao adestramento de cavalos ou eleitores. Fórmulas para uma gestão apresentada como técnica, científica e econômica, e, na realidade, ideológica, disfarçam o objetivo final de atender os interesses dos detentores do poder econômico. A eficácia torna-se o símbolo desse império e faz parte da promessa dos gestores aos cidadãos reduzidos a consumidores ou mesmo a mercadorias, naquilo que Pierre Legendre chamou de uma "refeudalização planetária". Trata-se de um império difuso e justamente nisso reside sua força, como percebeu Legendre, pois contém tantos

---

4. Nesse particular, segue a lição de Pierre Legendre, *Dominium Mundi. El Imperio del Management*. Buenos Aires: Amorrortu, 2008.

DO ESTADO DEMOCRÁTICO DE DIREITO AO ESTADO...

centros de poder quantos poderes rivais possam existir em uma civilização em que tudo se compra e tudo se vende, sem limites.

Na pós-democracia, o significante "democracia" não desaparece, mas perde seu conteúdo. A democracia persiste como uma farsa, uma desculpa que justifica o arbítrio. Em nome da "democracia", rompe-se com os princípios democráticos. A imposição da "democracia" em determinados países do Oriente Médio, mesmo contra a vontade do povo e ao arrepio de tratados e convenções que asseguram direitos humanos, é um exemplo do uso da retórica democrática contra valores democráticos. Trata-se de uma "democracia" em que desaparece a premissa de um governo do povo por ele mesmo e que também desconsidera direitos democráticos, como o da livre determinação dos povos.

Enquanto durou a Guerra Fria, como percebeu Jacques Rancière, reconhecia-se como "democrática" a sociedade governada por um Estado que se mostrava capaz de assegurar os direitos fundamentais e a participação popular na tomada das decisões. Falava-se em direitos fundamentais como requisito da democracia em oposição ao totalitarismo, no qual uma perspectiva coletivista tinha o potencial de aniquilar os direitos individuais. Para os Estados liberais, com a ascensão da importância geopolítica da União Soviética, era fundamental enfatizar a supremacia do Estado Democrático em oposição ao Estado Totalitário (a União Soviética,

ESTADO PÓS-DEMOCRÁTICO

que costumava ser apontada como uma formação estatal totalitária, por sua vez, apresentava-se como uma democracia substancial em oposição à falsa democracia dos Estados Unidos).

Hoje, aquilo que era uma negatividade inerente ao Estado Totalitário, um Estado forte e capaz de eliminar os elementos indesejáveis, tornou-se uma positividade, algo de útil ao capitalismo. Os excessos tornaram-se desejáveis e, mais do que isso, necessários à atual fase do capitalismo. Por isso, Rancière admite a identificação da democracia contemporânea – na realidade, aquilo que se denomina "pós-democracia" – como algo passível de ódio, como o "reino do excesso", em que se dá a destruição dos limites políticos em razão da "lei da ilimitação própria da sociedade moderna". Com a "vitória" do modelo capitalista, não há mais necessidade de um conteúdo material (e ético) para o significante "democracia".

A democracia, então, torna-se vazia de significado, o que guarda relação com o "vazio do pensamento" inerente aos modelos em que o autoritarismo acaba naturalizado. Já não há a Guerra Fria a justificar uma defesa "incondicional" dos valores democráticos. Não por acaso, tal como o fascismo clássico (que ainda tinha preocupações sociais), o neoliberalismo, que permitiu o surgimento do Estado Pós-Democrático, também pode ser apresentado como um "capitalismo sem luvas", um "estágio do capitalismo mais puro" (Ernest Mandel),

DO ESTADO DEMOCRÁTICO DE DIREITO AO ESTADO...

sem direitos democráticos nem resistência, próprio de uma época em que as forças empresariais e financeiras, maiores e mais agressivas do que em qualquer outra época, normatizaram seu poder político em todas as frentes possíveis, tanto em razão da crença no uso da força, que se materializa a partir do poder econômico, quanto da ausência de reflexão, que permite a dominação tomando por base mensagens passadas pelos meios de comunicação de massa, pela "indústria das relações públicas" (segundo o filósofo e linguista americano Noam Chomsky), pelos intelectuais orgânicos a serviço do capital e por outras instâncias que fabricam as ilusões necessárias para que o neoliberalismo e o Estado Pós-Democrático pareçam desejáveis, racionais e necessários.

Outra característica marcante do Estado Pós--Democrático é o esvaziamento da democracia participativa, que se faz tanto pela demonização da política e do "comum" quanto pelo investimento na crença de que não há alternativa para o *status quo*. A política passa a ser percebida como uma negatividade e, não por acaso, a prioridade dos movimentos e mesmo das campanhas políticas passa a ser o ataque aos adversários. Há uma judicialização das campanhas, por meio da qual o cidadão-eleitor e as propostas políticas acabam substituídos por um cidadão-juiz diante de uma imputação. O resultado mais evidente da demonização da política e do "comum" é a passividade e a ausência

ESTADO PÓS-DEMOCRÁTICO

de protestos diante da adoção de políticas públicas de redução dos direitos. O Estado e a política são vistos como inimigos, como algo que não interessa às pessoas, e não como espaços de luta por uma vida mais digna. Esse esvaziamento, evidentemente, não se dá apenas com a construção de uma subjetividade avessa à política.

Na pós-democracia, as eleições se revelam uma fraude, um jogo de cartas marcadas, no qual os detentores do poder econômico não só "compram" representantes – doações eleitorais que significam verdadeiros investimentos –, como ainda guardam um trunfo para situações excepcionais, por exemplo, um resultado indesejado no processo eleitoral: a derrubada de governos legitimamente eleitos. Isso se deu no Chile, em 1973, laboratório das políticas neoliberais, em que se produziu a desestabilização e derrubada do governo eleito em nome da estabilidade – leia-se: do atendimento dos interesses dos detentores do poder econômico, em especial das grandes corporações estrangeiras. Não há mais, portanto, um modelo de Estado no qual exista efetiva participação popular na tomada das decisões políticas, isso diante do risco sempre presente de que a vontade popular não atenda à razão neoliberal. Aliás, a participação popular na tomada de decisões torna-se acidental, como demonstram os processos políticos que levaram à queda de Fernando Lugo no Paraguai, em 2012, e de Dilma Rousseff no Brasil, em 2016.

DO ESTADO DEMOCRÁTICO DE DIREITO AO ESTADO...

O próprio consentimento dos governados revela-se um embuste, um fenômeno fabricado e artificial, na medida em que o eleitor não dispõe de informações para decidir e ainda acaba submetido a mecanismos que produzem o direcionamento do voto a partir do "controle da opinião pública", tais como as milionárias campanhas de marketing político e o "jornalismo" partidário e corporativo.

A própria eleição, um dos símbolos da democracia representativa, progressivamente cede espaço ao fenômeno da "deseleição". Com o governo de fato transferido aos detentores do poder econômico, a preocupação do eleito passa a ser manter-se formalmente no cargo. Contudo, não é só. Também desaparece qualquer esforço dos agentes estatais no sentido da concretização dos direitos e das garantias fundamentais. A "dimensão material da democracia" (Ferrajoli) deixa de ser uma preocupação do Estado, em especial porque a concretização dos direitos e das garantias fundamentais, que exigiria inações e ações do Estado nas mais diferentes áreas (trabalho, meio ambiente, educação etc.), muitas vezes se choca com os interesses dos detentores do poder econômico. A liberdade e outros "direitos negativos", direitos à não intervenção do Estado, na pós-democracia, são vistos como negatividades, como obstáculos à eficiência do Estado ou dos mercados.

Com o esvaziamento da democracia participativa e o abandono do projeto de concretização dos direitos fun-

ESTADO PÓS-DEMOCRÁTICO

damentais, coroa-se o "processo de desdemocratização" (Dardot e Laval), em que a substância da democracia desaparece, sem que se dê a sua extinção formal. Essa casca, esse verniz democrático que muitas vezes não passa do recurso retórico ao significante "democracia", persiste, apenas por ser funcional ao projeto político que levou à superação do Estado Democrático de Direito. Na "pós-democracia", o que resta da "democracia" é um significante que serve de álibi às ações necessárias à repressão das pessoas indesejadas, ao aumento dos lucros e à acumulação. Ao afirmar que suas ações se dão em nome da democracia, o Estado busca legitimação externa, ou seja, ético-política.

A pós-democracia une os dois otimismos imbecilizantes que serviram à domesticação das populações do campo capitalista, capitaneado pelos Estados Unidos, e do campo do chamado "socialismo real", protagonizado pela antiga União Soviética. O otimismo da "ideologia do êxito", em especial na sua versão que prega a meritocracia – que poderia ser resumida na ideia-chave "fique tranquilo, se você fizer por merecer, alcançará o êxito e concretizará seus sonhos" –, e o otimismo da "ideologia do Estado total" – que se encontra na ideia--chave "fique tranquilo que o Estado, justamente por ser total, sabe o que é melhor para você e, mesmo que para isso seja necessário restringir seus direitos e seus sonhos, buscará o seu bem". Esse otimismo "qualificado", que mistura o pior que há nas ideologias que sustentaram

DO ESTADO DEMOCRÁTICO DE DIREITO AO ESTADO...

a Guerra Fria, é o que justifica que o mesmo Estado se apresente omisso no jogo predatório econômico (ultraliberalismo) e agigante-se no controle social, em especial na repressão, sempre seletiva e politicamente direcionada, da população (Estado Penal).

O Brasil, por exemplo, em que o "liberalismo" conviveu com a "escravidão" por vários anos, hoje apresenta uma nova variação de Estado liberal-autoritário: um Estado Pós-Democrático, que não tem qualquer compromisso com a concretização de direitos fundamentais, com o resultado de eleições, com os limites ao exercício do poder ou com a participação popular na tomada de decisões. Como no início do século XIX, quando o liberalismo se instaurou no Brasil adaptando-se sem dificuldade a uma realidade autoritária – marcada pela escravidão, pela mediação do "favor" e pela pessoalidade –, o neoliberalismo e a pós-democracia convivem sem constrangimento em todo o mundo, com o incremento da coerção e da restrição a direitos em nome da "liberdade" do mercado e das corporações.

A pós-democracia, então, caracteriza-se pela transformação de toda prática humana em mercadoria, pela mutação simbólica pela qual todos os valores perdem importância e passam a ser tratados como mercadorias, portanto, disponíveis para uso e gozo seletivos, em um grande mercado que se apresenta como uma democracia de fachada. Se o liberalismo clássico buscou legitimidade por meio do discurso que pregava a necessidade de limi-

ESTADO PÓS-DEMOCRÁTICO

tar o poder dos reis, o neoliberalismo aponta para a necessidade de acabar com todos os limites ao exercício do poder econômico. Em resumo: com o desaparecimento de limites efetivos ao exercício do poder, em nome da lógica do mercado, instaura-se a pós-democracia.

Mercadoria, por definição, é um bem, mas nem todo bem é (ou era, antes da pós-democracia) uma mercadoria. As mercadorias são bens com valor de troca, bens produzidos para serem negociados e, assim, gerarem lucro. Não por acaso, Marx escolhe a mercadoria como ponto de partida para sua principal obra. Para ele, nas sociedades em que vigora o modo de produção capitalista, a riqueza das sociedades "aparece como uma enorme coleção de mercadorias". A mercadoria tem um valor de uso e um valor de troca. Ela sempre se volta à satisfação de uma necessidade ou de um desejo, por isso as pessoas dão algo em troca da mercadoria, isto é, todas as mercadorias são comensuráveis na troca. O que caracteriza a mercadoria, e isso fica claro na pós-modernidade – mais do que a existência de um valor de uso –, é a possibilidade de sua substituição e seu descarte. Todos, independentemente da raça, da crença, do gênero ou da classe, relacionam-se com mercadorias. Nas palavras de David Harvey, a "forma-mercadoria é uma presença universal no interior do modo de produção capitalista". Não por acaso, o ato de comprar uma mercadoria pode ser tido como o ato fundador da sociedade capitalista.

DO ESTADO DEMOCRÁTICO DE DIREITO AO ESTADO...

Vale registrar, por oportuno, que o tratamento do que é humano como mercadoria não é algo novo. O Holocausto judeu é um exemplo duplamente trágico desse fenômeno. Em um primeiro momento, pessoas foram consideradas descartáveis e depois mortas a partir de uma lógica gerencial. Depois, o sofrimento das vítimas do Holocausto acabou explorado com fins políticos e econômicos, ora para imunizar a política de Israel contra todas as críticas, ora para manter em funcionamento o que Norman Finkelstein, filho de sobreviventes dos campos de concentração de Auschwitz e Majdanek, chamou de "indústria do Holocausto": uma espécie de capitalização de uma das maiores tragédias da humanidade. O que caracteriza a pós-democracia, portanto, não é que pessoas e valores sejam tratados como mercadorias, mas o fato de essa utilização se dar explicitamente, de forma cínica, sem pudor e sem qualquer limite (jurídico, ético etc.) em um Estado que se afirma democrático.

Com a ascensão da razão neoliberal e o estabelecimento do Estado Pós-Democrático, o mercado foi elevado à posição de principal regulador do mundo-da-vida. O mercado tornou-se o eixo orientador de todas as ações, uma vez que foi elevado a núcleo fundamental responsável por preservar a liberdade econômica e política. Os bens, as pessoas, os princípios e as regras passaram a ser valorizados apenas na condição de mercadorias, isto é, passaram a receber o tratamento conferido às mercadorias a partir de seu valor de uso e de troca. Deu-se a máxima desumanização inerente à lógica do capital, que se fundamenta na competição, no individualismo e na busca do lucro sem limites. No discurso neoliberal, o problema da liberdade se coloca e se resolve através do mercado, no reino da economia. Para Milton Friedman, por exemplo, só existem dois modos de organização social (e coordenação das atividades econômicas): o mercado e o Estado. O mercado, entendido como a forma não coercitiva de organização social baseada em transações bilaterais e voluntárias que se dão entre pessoas igualmente informadas e incapazes de controlar os preços dos bens e serviços envolvidos, seria o "berço da liberdade"; ao passo que o Estado seria tendencialmente autoritário, com potencial de sufocar as liberdades individuais, o "berço da opressão".

Porém, para além do mercado idealizado (idealismo, diga-se, fantástico) das teorias de Friedman, Friedrich Hayek, Ludwig von Mises, Rudolf Eucken, entre outros, existe o mercado real, aquele que realmente condiciona o mundo-da-vida nas sociedades capitalistas. Nesse "mercado" existem várias formas de coerção, tanto física como psíquica, e os negócios se dão em detrimento dos direitos fundamentais. O mercado real revela-se baseado em transações nem sempre voluntárias, envolvendo pessoas desinformadas e desiguais, algumas capazes de manipular o sistema de preços –

DO ESTADO DEMOCRÁTICO DE DIREITO AO ESTADO...

que funcionaria, na teorização liberal, como o nervo cibernético do mercado, com a função, no plano ideal, de impedir injustiças, incentivar empresários e trabalhadores, dispersar o poder econômico etc. –, incapaz de impedir a concentração do poder econômico. Em vez da propalada dinâmica libertária, o neoliberalismo levou a mais uma espécie de despotismo, uma ditadura do mercado, em que se dá a imposição coercitiva – e o Sistema de Justiça Criminal serve a essa coerção – das leis de mercado.

Na pós-democracia não existem obstáculos ao exercício do poder: os direitos e as garantias fundamentais também são vistos como mercadorias que alguns consumidores estão autorizados a usar. Da mesma maneira que judeus se converteram ao cristianismo para escapar da Inquisição (os "cristãos-novos"), direitos, garantias e tudo aquilo que antes era considerado inegociável foram transformados em mercadoria ("mercadorias-novas") em nome do neoliberalismo, um fundamentalismo que só não pode ser tratado como "religião" porque nele não há espaço para o perdão e a expiação, isso porque a fé neoliberal só reconhece a existência de dívidas e culpas.

Como já se viu, e exemplos históricos não faltam, a própria representação política, base da concepção formal de democracia, não precisa ser respeitada, uma vez que desapareceram os limites éticos e legais para o afastamento dos governantes e parlamentares eleitos pelo voto popular.

ESTADO PÓS-DEMOCRÁTICO

Se na vida econômica há o reforço de tendências à desigualdade (e certas diferenças são autorizadas e cultivadas em razão do seu potencial mercadológico) e ao desequilíbrio, no campo das liberdades públicas, as inviolabilidades tornam-se cada vez mais seletivas. Apenas o domicílio de alguns é inviolável, como demonstram os mandados de busca e apreensão "coletivos" – que, em contrariedade à lei, não individualizam os imóveis ou as pessoas que acabam por se tornar objetos da ação estatal – expedidos para serem cumpridos em favelas, periferias ou em ocupações de trabalhadores rurais sem-terra; apenas a liberdade de alguns é inviolável, como revelam prisões desnecessárias ou conduções coercitivas em desconformidades com os requisitos legais; apenas a intimidade de alguns é inviolável, como se percebe dos vazamentos seletivos de interceptações telefônicas; apenas a integridade física de alguns é inviolável, como mostram as agressões aos manifestantes que defendem posições contrárias aos dos detentores do poder econômico; apenas a liberdade de expressão de alguns é inviolável, como sabem aqueles que são perseguidos por motivação ideológica e processados pelo que dizem.

O Poder Judiciário na pós-democracia deixa de ser o garantidor dos direitos fundamentais – função que deveria exercer mesmo que para isso fosse necessário decidir contra maiorias de ocasião – para assumir a função política de regulador das expectativas dos con-

DO ESTADO DEMOCRÁTICO DE DIREITO AO ESTADO...

sumidores. O direito deixa de ser um regulador social, transformado em mais um instrumento para o mercado, o cidadão torna-se mero consumidor, a alteridade e o diálogo são negados (o verdadeiro diálogo, que nada se parece com os "acordos" extorquidos a partir da instrumentalização da liberdade ou com os falsos consensos produzidos em "delações premiadas" e institutos similares), enquanto os conflitos capazes de gerar lucros são incentivados no ambiente do Sistema de Justiça.

Por um lado, a pós-democracia induz à produção massificada de decisões judiciais, a partir do uso de modelos padronizados, chavões argumentativos e discursos de fundamentação prévia (fundamentações que já existem antes mesmo da tomada de decisão e que se revelam distanciadas da facticidade inerente ao caso concreto), tudo como forma de aumentar a produtividade, agradar parcela dos consumidores, estabilizar o mercado – leia-se: proteger os lucros dos detentores do poder político –, exercer o controle social da população e facilitar a acumulação. Essa lógica gerencial e eficientista, que atende a critérios "científicos" (ciência, mais uma vez, como ideologia), contábeis e financeiros, na qual a busca de efeitos adequados à razão neoliberal afasta qualquer pretensão de a atividade jurídica voltar-se à realização dos direitos e garantias fundamentais, acaba incorporada pelos atores jurídicos, não só por questões ideológicas, mas também como fórmula para assegurar vantagens nas respectivas carreiras. Atores

ESTADO PÓS-DEMOCRÁTICO

jurídicos que não seguem a lógica do mercado nem atuam com base em uma subjetivação contábil e financeira não raro enfrentam perseguições ideológicas por meio de processos nas corregedorias e dificuldades para promoções. Por outro, o Poder Judiciário passa a gerir/dirigir julgamentos que seguem a lógica própria aos espetáculos, voltados à satisfação dos espectadores (também consumidores) do Sistema de Justiça. No espetáculo, como mercadoria, não há espaço para nada a não ser agradar ao consumidor.

Tanto na hipótese da produção massificada (em que não há espaço para controles finos acerca da justeza das decisões) quanto na dos processos-espetáculos (em que o importante é agradar aos espectadores), os direitos fundamentais – que, antes, serviam como gramática positivada dos direitos humanos e estratégia de realização da dignidade da pessoa humana – tornam-se descartáveis, tais como qualquer outra mercadoria que perde o valor. Em espetáculos para audiências autoritárias (e a sociedade brasileira está inserida em uma tradição autoritária), os direitos fundamentais passam a ser demonizados – isso, em grande parte, com o auxílio dos meios de comunicação de massa que constroem a imagem da "boa justiça" associada à repressão e ao uso da força em detrimento do conhecimento e das práticas restaurativas –, ao passo que os discursos e as práticas autoritárias tornam-se mercadorias atrativas.

DO ESTADO DEMOCRÁTICO DE DIREITO AO ESTADO...

Com o desaparecimento do valor "justiça", a palavra retorna para nomear algo que não passa de um produto, de uma mercadoria sem forma ou conteúdo estável, sem conexão com projeto constitucional de vida digna para todos. Uma mercadoria oferecida por mercadores especializados, que moldam a "justiça" ao gosto da opinião pública (a opinião do auditório em que se encontram os consumidores, com suas necessidades reais e artificiais), mesmo que para isso seja necessário suprimir direitos ou reforçar preconceitos e perversões.

Não se pode descartar a hipótese de que países periféricos (o caso do Chile é exemplar, mas poder-se-ia citar igualmente o exemplo do Brasil) foram utilizados como laboratórios para a posterior instauração do modelo pós-democrático de Estado nos Estados Unidos e na Europa, em especial no que se refere à gestão da população diante da restrição e da violação de direitos. Ao se apontarem os países periféricos e de capitalismo tardio, países em que muitos direitos previstos nos textos legais sequer chegaram a ser concretizados, como "laboratórios" da pós-democracia, não se está afirmando que necessariamente existiu um plano deliberado ou uma conspiração de "dominadores" e "estrategistas maquiavélicos". Nem tudo pode ser explicado por "teorias conspiratórias" (embora, não raro, as conspirações existam). Aqui, o que se afirma é que a passividade da população desses países periféricos diante das restrições, das violações e

ESTADO PÓS-DEMOCRÁTICO

da falta de efetividade de direitos constitui um dado que provavelmente foi levado em consideração nas opções políticas tomadas em meio às lutas envolvendo agentes e instituições diversas, a partir de variados interesses materiais e simbólicos, que levaram à pós-democracia.

2. Neoliberalismo e estratégias de controle

O empreendimento neoliberal não se reduz ao campo econômico. O neoliberalismo, com uma teoria débil do ponto de vista da ciência econômica – que em certa medida resgata a crença no "pensamento mágico", retratado na tese da "mão invisível do mercado", ao mesmo tempo que ataca o keynesianismo e o Estado do Bem-Estar Social –, revelou-se uma ideologia capaz de condicionar diversas esferas.

Na verdade, o neoliberalismo pode ser compreendido, e nesse sentido apontam Pierre Dardot e Christian Laval, como uma verdadeira nova "razão de mundo", um modo de governar pessoas e sociedades ou, mesmo, um modo de ser-no-mundo. Antoine Garapon, ao tratar do neoliberalismo como razão de mundo, chega a falar em um novo modelo de justiça, a justiça neo

ESTADO PÓS-DEMOCRÁTICO

liberal, no qual a avaliação dos custos da atividade (e das consequências das decisões judiciais para as grandes corporações) é mais importante do que a realização do valor justiça.

A proposta neoliberal de instaurar o império do mercado, desmantelar o Estado do Bem-Estar Social e reduzir direitos mostrou-se adequada ao projeto neoconservador e autoritário necessário à manutenção do Estado capitalista. Tendencialmente totalizante, voltado à produção de efeitos em todas as esferas da existência, o neoliberalismo e seus dispositivos direcionam-se unicamente à obtenção de lucro e aos interesses do mercado.

Se o liberalismo clássico aparentava, ao menos, alguma preocupação com a questão da "liberdade", tendo nascido dentro do projeto burguês de conter os poderes do Estado Absolutista e permitir alguma participação democrática a partir da afirmação da liberdade individual, a atual versão do neoliberalismo não tem pudor de restringir ou mesmo inviabilizar a liberdade sempre que existir risco para o mercado ou para os detentores do poder político. Enquanto o liberalismo em voga no século XVIII se caracterizava pela questão dos limites do governo, que necessitava ser enquadrado por leis (naturais e econômicas), a única preocupação do neoliberalismo é transformar o mercado em razão de ser do governo, sem qualquer preocupação com limites.

NEOLIBERALISMO E ESTRATÉGIAS DE CONTROLE

É preciso ressaltar que há uma diferença entre a teoria neoliberal, que surge a partir da crise dos anos 1930[1] e a racionalidade neoliberal que se desenvolve entre os anos 1980-1990, época em que a lógica do mercado começou a se tornar uma "lógica normativa generalizada" (Dardot e Laval) que condiciona desde o Estado e seus agentes até o mais íntimo de cada pessoa. Esse poder de condicionar corpos e almas se manifesta como biopoder, através de funções de administração e de controle sobre os corpos, mais precisamente dirigindo e canalizando a população para fins neoliberais, e como psicopoder, capaz de intervir nos processos psicológicos, o que permite somar o controle externo (e a respectiva exploração-do-outro), produzido pelo poder punitivo, ao autocontrole e à autoexploração (exploração-de-si), promovidos pelo psicopoder.

Em sociedades com menor desigualdade social, o receituário neoliberal aposta no recurso ao psicopoder em detrimento do poder penal. O autocontrole produzido pelo psicopoder revela-se mais efetivo e menos traumático do que o exercício de um poder externo sobre o corpo do explorado. O fenômeno da autoexploração do indivíduo inserido na sociedade neoliberal (em que o indivíduo se vê não mais como um sujeito, como alguém

---

1. Alguns apontam a criação da sociedade Mont-Pèlerin, em 1947, como o acontecimento que dá origem ao neoliberalismo, enquanto outros preferem atribuir a fundação das teorias neoliberais ao Colóquio Walter Lippmann, em Paris, no ano de 1938.

ESTADO PÓS-DEMOCRÁTICO

submetido a algo, mas como um projeto empresarial, a partir da crença de que se é livre) substituiu em grande parte o exercício do poder disciplinar. Por outro lado, em países como o Brasil, cresce a utilização do poder penal. Ao lado do recurso ao psicopoder, o uso do poder penal e a lógica da sociedade disciplinar continuam necessários à realização do projeto neoliberal. Aos que creem ser neoempresários, reserva-se a autoexploração e o autocontrole; aos que, mais perto da realidade, sabem que são excluídos e explorados, concretiza-se o poder disciplinar e a exclusão penal.

A identificação entre o poder político e o poder econômico fez do mercado e dos detentores do poder econômico os principais (quando não, únicos) beneficiários das ações políticas. Se o projeto do campo político da chamada "esquerda democrática" tinha a proposta de superar a dicotomia público-privado para se alcançar um "comum" (por todos, Antonio Negri), o neoliberalismo foi mais efetivo: transformou o público em privado, o interesse de grupos econômicos passou a ser tratado como se fosse o interesse comum.

Ao mesmo tempo, a participação popular na política foi demonizada e a preocupação com o "comum" foi substituída por posturas hedonistas. A governabilidade neoliberal não reserva preocupação com o comum, incentiva o "cada um por si" e a busca pelo prazer individual. A sedução do mercado, que leva a identificar felicidade com consumo, é a "destruição *cool* do social" (Gilles

NEOLIBERALISMO E ESTRATÉGIAS DE CONTROLE

Lipovetsky), por meio de um processo de isolamento narcísico e hedonista. Produziu-se, também, a individualização das relações sociais, a preocupação reduzida ao pequeno núcleo familiar, com a busca do sucesso e do aumento do desempenho individual somada à aposta na competição. Cada pessoa é estimulada a se ver como uma empresa e a eliminar a concorrência, isso em detrimento da solidariedade e dos projetos coletivos. A racionalidade neoliberal levou a um novo processo de demonização da alteridade. Enquanto incentiva a diferença rentável, aquela capaz de gerar novas mercadorias, não perdoa a alteridade – o conceito de alteridade, aqui, distancia-se do de diferença, esta comercialmente explorável – e transforma em objeto sem valor o que não se encaixa ou mesmo quem pensa diferente e não reproduz a lógica da mercadoria. A partir da racionalidade neoliberal, busca-se eliminar a alteridade, que não tem lugar em uma sociedade narcísica e ensimesmada, ao mesmo tempo que se explora a diferença capaz de se transformar em mercadoria e render dinheiro. O neoliberalismo propicia o esvaziamento da pessoa – em processos de personalização que escondem uma homogeneização que interessa ao mercado e servem como uma nova forma de controle social não repressivo – e o desaparecimento do *outro*, pois a assimetria e a exterioridade não encontram lugar diante da ditadura do Eu, de uma subjetivação que nega o comum ou preocupações para além daquelas inerentes ao próprio desempenho.

ESTADO PÓS-DEMOCRÁTICO

O neoliberalismo, ainda, potencializou a tendência iniciada com as revoluções tecnológicas, que geraram a drástica perda da importância do trabalho na produção das mercadorias, estimularam o capitalismo financeiro globalizado e, em consequência, a diminuição do peso político do trabalhador. Este, que seria o sujeito capaz de opor resistência à sedução do mercado, a partir da consciência da opressão e da mais-valia, acaba tragado pela subjetivação neoliberal, que incentiva a alienação e gera, via mercado, uma nova forma de dominação calcada no desejo de maximizar a produção e o consumo a partir da crença em um poder (poder-produzir, poder-consumir) tendencialmente ilimitado.

No campo ideológico, surgiu com força a "grande narrativa" do "fim das grandes narrativas", com o velamento da luta de classes e da própria influência da ideologia no mundo-da-vida. Assim, o desconhecimento dos efeitos da ideologia na compreensão da realidade e a descrença em movimentos transformadores da sociedade dificultam qualquer resistência à violência simbólica e estrutural inerente à lógica neoliberal. Ao se naturalizar a lógica do mercado, com o apagamento da história, nega-se qualquer possibilidade de mudança.

Pode-se afirmar que, na trama simbólico-imaginária a que chamamos de "realidade", o neoliberalismo produziu efeitos drásticos. Como percebeu Lacan ao analisar o processo capitalista, o escravo foi substituído por pessoas reduzidas a produtos, consumíveis e

NEOLIBERALISMO E ESTRATÉGIAS DE CONTROLE

descartáveis. Porém, não só. Desapareceram, ou foram drasticamente reduzidos, os valores transcendentais, os valores imensuráveis. Todos os valores, até aqueles que fundamentaram a ideia de dignidade da pessoa humana e que antes não podiam ser medidos ou reduzidos aos valores de uso ou de troca, passaram a ser tratados como mercadorias.

No neoliberalismo há apenas mercadorias e a elas deve ser atribuído um valor de troca. O resto, aquilo que não tem o valor positivo de uma mercadoria, deve ser eliminado. Se determinadas coisas e pessoas passaram a ser descartadas, o próprio ato do descarte tanto de pessoas quanto de coisas passou a ser valorado de forma positiva. Ou seja, a razão neoliberal levou ao desmantelamento do valor simbólico e, em consequência, ao desaparecimento dos limites à ação, tudo isso em favor dos fins do mercado. Pode-se falar, portanto, como em todo contexto autoritário, de um mundo sem limites, de um mundo tendencialmente paranoico. Nenhuma outra consideração (moral, jurídica, religiosa etc.) pode mais entravar a livre circulação e o funcionamento da lógica das mercadorias. Não por acaso, a teologia cristã baseada na opção pelos pobres perde força para a "teologia da prosperidade", com a promessa de paz substituída pela de dinheiro e aquisição de mercadorias.

Em outras palavras, a mercadoria torna-se o "único real" (Charles Melman, Jean-Pierre Lebrun, Dany-Robert Dufour, entre outros). E um novo indivíduo passa a ser

ESTADO PÓS-DEMOCRÁTICO

construído a partir desse real. O mercado exige um sujeito pronto para todas as conexões mercadológicas, sem limites, egocêntrico, pronto para destruir os concorrentes/inimigos, ensimesmado, consumidor acrítico, psicótico (ou, na melhor das hipóteses, perverso), sem limites para consumir, produzir e destruir o inimigo/concorrente.

A razão neoliberal dispõe de diversas estratégias para formatar e/ou controlar esses sujeitos transformados e tratados como mercadoria. Estratégias distintas, uma para a parcela da população que não interessa à razão neoliberal (pessoas sem valor de uso), outra para os que são marcados como úteis e funcionais, membros de uma sociedade permissiva e pacificada, sem espaço para a alteridade.

Para as pessoas sem valor de uso, permanece íntegra a lógica da "sociedade punitiva" (Michel Foucault), em que se busca a segregação ou a eliminação dos elementos rotulados de negativos (estranhos, disfuncionais ou inimigos). Aqui vale a metáfora do vírus, o "paradigma imunológico" afirmado por Byung-Chul Han, no qual a seleção do controle recorre a binarismos como amigo e inimigo, cidadão e estrangeiro ou saudável e doente. Em outras palavras, para aqueles que não interessam à sociedade neoliberal, por não produzirem, não prestarem serviços, não consumirem ou resistirem à racionalidade neoliberal, reserva-se a resposta penal (e a prisão persiste como resposta penal preferencial

NEOLIBERALISMO E ESTRATÉGIAS DE CONTROLE

aos desvios) ou a eliminação física – o Brasil, por exemplo, é o país em que os policiais mais matam e mais morrem em razão da função que exercem. Para esses elementos disfuncionais, que são tratados como mera negatividade (um "vírus"), em uma sociedade na qual se busca a positividade própria das mercadorias, o Sistema de Justiça Penal aparece como substituto das políticas sociais inclusivas, típicas do Estado do Bem--Estar Social. Nilo Batista e Loïc Wacquant apontam os presídios como os novos planos habitacionais para a miséria, enquanto o poeta João Cabral de Melo Neto percebe que a cova é a parte que cabe (ao indesejável) no latifúndio chamado Brasil.

Todavia, para aqueles sujeitos-mercadorias que (ainda) possuem valor de uso, a estratégia é aquela típica da "sociedade do desempenho" (Byung-Chul Han), que implica um controle por meio do excesso de positividade, da violência que deriva da superprodução, da superinformação e do superdesempenho. Para aqueles que interessam à sociedade construída tendo por base a racionalidade neoliberal, o controle se dá pelo excesso, pela violência da positividade, com o recurso à coação da busca do ótimo. Uma espécie de coação que se apresenta como exercício da liberdade, o que faz com que a mesma seja desejada pelo coagido e não percebida como uma violência moral. Na sociedade do desempenho, o poder se manifesta, preferencialmente, como psicopoder. Essa necessidade de alcançar o ótimo,

ESTADO PÓS-DEMOCRÁTICO

que gera quadros de depressão e outros distúrbios neu-
rais, faz com que o próprio sujeito se torne a vítima e,
ao mesmo tempo, o autor do controle a que se submete
na busca por maior produtividade, beleza, perfeição etc.
Sem compreender a razão neoliberal, é impossível
resistir ao Estado Pós-Democrático. Entender a razão
neoliberal faz com que a ameaça à democracia não
possa mais ser descrita como um mal que recai, de
forma eventual, sobre valores firmes e estáveis, como
se viesse de parte alguma ou pudesse ser resumida a
algo maligno e estranho ao Estado. Impregnado da
razão neoliberal, o funcionamento do Estado não pode
ser democrático. Da mesma maneira que o Estado de
Direito (*Rechtstaat*; regido pela lei) mostrou-se útil
ao Estado Liberal e o Estado Democrático de Direito
(com limites rígidos ao exercício do poder) funcional à
superação do Estado Fascista e às tentativas de resgate
do *Welfare State*, o Estado Pós-Democrático, que se
caracteriza pela ausência de limites ao exercício do
poder, é um efeito do neoliberalismo. Fechar os olhos
para a relação entre política, economia e direito, entre
a forma jurídica do Estado e sua relação com a "razão
de mundo" hegemônica, dificulta a identificação das
estratégias de restauração do conteúdo democrático
do Estado.

Sem compreender que os direitos fundamentais
foram relativizados no Estado Pós-Democrático porque
são percebidos como obstáculos tanto ao mercado

NEOLIBERALISMO E ESTRATÉGIAS DE CONTROLE

quanto à eficiência punitiva necessária ao controle das pessoas "sem valor de uso" na racionalidade neoliberal, é impossível reagir ao avanço do autoritarismo. Para reagir é importante conhecer a base em que se dará a atuação, submeter a realidade a uma crítica rigorosa, aprofundar a análise, desvelar o neo-obscurantismo, desconstruir o neoliberalismo, desenvolver um aparato conceitual adequado ao Estado Pós-Democrático para, só depois de muita reflexão, contra-atacar.

3. O finado Estado Democrático de Direito e sua aposta na superação do autoritarismo

O Estado de Direito (*Rechtstaat*) apresentou-se, não sem certa hipocrisia, em oposição ao Estado Absolutista e ao Estado Policial, modelos autoritários de Estado. Do ponto de vista histórico, o Estado de Direito surge com um viés liberal em um movimento de reação ao absolutismo e demais formas de autoritarismo. A história, contudo, demonstrou o fracasso desse projeto político. Basta lembrar que o Estado Fascista italiano e o Estado Nazista alemão também se apresentavam como Estados de Direito. Aliás, a cada dia com mais frequência, atos concretos de autoritarismo atendem à legalidade (ainda que por desvios hermenêuticos), razão pela qual se torna importante reconhecer a existência de uma "legalidade

ESTADO PÓS-DEMOCRÁTICO

autoritária", para se utilizar a expressão de Anthony Pereira. Impossível negar o distanciamento entre os conceitos de legalidade e democracia. O respeito à legalidade é condição para a vida democrática, mas não a assegura.

Não raro, a única função do formalismo jurídico que acompanhou o Estado de Direito foi a de servir de mediação ideológica entre o Estado e a sociedade civil. Em vez de controlar o poder e projetar uma nova sociedade, o direito serviu (e ainda serve) para ocultar as relações de dominação política e exploração econômica. Nesse quadro, a funcionalidade real do Estado de Direito passou a ser a de facilitar a dissimulação das forças sociais e, assim, viabilizar a aparência de normalidade indispensável à manutenção desse sistema de dominação e exploração.

A ideia de Estado de Direito traz em si a noção de limites legais ao exercício do poder, o problema é que, nesse modelo de origem liberal, esses limites são meramente formais. O mesmo Estado que reconheceu, por meio de suas leis, a existência de limites, a eles não se submetia. Os atores jurídicos, geralmente, são peças importantes dos modelos autoritários de Estado. O Holocausto foi possível apesar do Estado de Direito, pois contou com a ajuda de juristas e juízes. O fascismo e o nazismo serviram-se do direito. A opressão não é incompatível com o direito.

O FINADO ESTADO DEMOCRÁTICO DE DIREITO E SUA APOSTA...

O Estado é, em essência, uma formação histórica voltada à organização jurídica do poder; entretanto, ao longo da história, nem sempre essa "organização jurídica" permitiu a contenção do poder. Por vezes, o Estado se "submete" a leis que não servem de verdadeiro óbice ao exercício do poder; em outras, a própria legislação estimula a ampliação do poder sem contraste: há, nesses casos, mera aparência, mero simulacro de limites ao exercício do poder, embora, do ponto de vista formal, possa-se falar na existência de um Estado de Direito.

Como superação do mero Estado de Direito, modelo de organização jurídica que se mostrou incapaz de evitar o arbítrio e a opressão, construiu-se a ideia de um Estado de Direito qualificado pela existência de limites rígidos ao exercício do poder, um modelo que recebeu o nome de Estado Democrático de Direito. São os direitos e as garantias fundamentais, como obstáculos ao exercício do poder, que asseguram a dimensão democrática do Estado. Por Estado Democrático de Direito entende-se um estado constitucional, em que os direitos e as garantias fundamentais de cada pessoa não podem ser afastados ao bel-prazer dos agentes estatais.

É necessário ressaltar que a própria democracia, em especial a sua dimensão formal que se manifesta a partir do princípio da maioria, contém em si mesma, escondida, latente, as condições à sua aniquilação.

ESTADO PÓS-DEMOCRÁTICO

Derrida tratou da questão ao desenvolver o conceito de autoimunidade democrática. De fato, diversas manifestações totalitárias, que costumam ser apresentadas como antíteses da democracia, surgiram e foram fortalecidas no ambiente democrático: o nazismo alemão é o exemplo mais explícito desse fenômeno. Por isso, identificar os problemas e as contradições inerentes ao jogo democrático funciona como uma espécie de medida preventiva contra o autoritarismo, isso porque permite a revisão crítica capaz de corrigir os rumos e impedir a tentação totalitária. De igual sorte, pensar o Estado Democrático de Direito como um hospedeiro do capitalismo (um "cadáver adiado"), como anunciou Rui Cunha Martins, ajuda a entender a possibilidade sempre presente de uma deriva autoritária.

Só há verdadeiro Estado Democrático de Direito se existir também uma correlata cultura de respeito à Constituição e, em especial, de respeito aos direitos e às garantias fundamentais. Uma cultura de respeito a valores que não podem ser tratados ou descartados como meras mercadorias. A Constituição deve prevalecer tanto na racionalização da atividade estatal quanto da atividade privada e integrar a pré-compreensão dos agentes estatais e dos cidadãos. O Estado Constitucional é Estado de Direito, mas é também Estado Democrático, como explica o constitucionalista português J. J. Gomes Canotilho. Isso significa que

O FINADO ESTADO DEMOCRÁTICO DE DIREITO E SUA APOSTA...

o poder, além de limitado, deve exercer-se de forma democrática e direcionado à concretização do projeto constitucional moderno de vida digna para todos, até para aqueles que podem ser tidos por indesejáveis por parcela da população, e também para aqueles que não servem aos interesses do mercado e do capitalismo financeiro.

O Estado Democrático de Direito, portanto, não se contenta com a democracia meramente formal, identificada com o princípio da maioria como elemento legitimador do exercício do poder. Não basta a vontade da maioria. Mesmo a maioria da população não pode afastar direitos fundamentais. Não é suficiente que ocorram eleições regulares. Para que exista verdadeiro Estado de Direito em sua versão democrática é indispensável que o Estado possua efetivas garantias à concretização dos direitos liberais (proibições direcionadas ao Estado) e sociais (mandamentos de atuação do Estado). Dito de outra forma: só há Estado Democrático de Direito se existir democracia substancial/constitucional, isto é, se, além do sufrágio universal e da participação popular na tomada de decisões, também se fizer presente o respeito aos direitos e às garantias fundamentais, dentre eles, em destaque, a liberdade. Não só a liberdade de empresa ou a liberdade de ser proprietário, mas a liberdade que permita à pessoa exercer todas as suas potencialidades legítimas.

ESTADO PÓS-DEMOCRÁTICO

O Estado Democrático de Direito centra-se em duas ideias básicas: a) o Estado limitado pelo direito, em especial, pelos direitos fundamentais, que funcionam como "trunfos contra as maiorias" (sequer a ocasional vontade da maioria pode afastar direitos fundamentais); e b) o poder político estatal legitimado pelo povo. Democracia e direitos fundamentais mostram-se interligados, em uma relação de dependência recíproca. Na teoria democrática, os cidadãos exercem o poder constituinte e concebem a Constituição, e assim reconhecem direitos a si mesmos, bem como estabelecem limites ao Estado e ao particular. Na pós-democracia, limites (e os direitos de liberdade são, por definição, proibições direcionadas ao Estado e, portanto, "direitos negativos") são vistos como negatividades e, nessa condição, devem ser descartados, a não ser que sirvam à repressão, esta percebida como uma positividade.

Pode-se afirmar que o projeto de concretizar um verdadeiro Estado Democrático de Direito objetiva o fortalecimento tanto dos direitos de cada um quanto dos deveres que cabem ao Estado. Ou seja, com o Estado Democrático de Direito, modelo constitucional de Estado que conta com um conjunto de mecanismos voltados a assegurar a concretização dos direitos e das garantias fundamentais de cada pessoa em particular (não de uma classe de pessoas ou da ideia de "pessoa" em abstrato), buscou-se impedir novos

O FINADO ESTADO DEMOCRÁTICO DE DIREITO E SUA APOSTA...

movimentos de orientação autoritária que levassem à ampliação dos poderes do Estado – sobretudo do poder penal, instrumental que serve ao surgimento de neofascismos – e à minimização das liberdades individuais.

Não se pode esquecer que os direitos fundamentais, entendidos como os direitos de todos, não são dados da natureza (como defendem alguns metafísicos), mas uma construção a partir de lutas políticas. Por essa razão, por sua natureza provisória e dependente da democracia, os direitos fundamentais estão sempre ameaçados. A cada vez que um direito fundamental é violado ou relativizado, caminha-se um passo rumo ao autoritarismo. O autoritarismo que se percebe no Estado Pós-Democrático é incompatível com o modelo do Estado Democrático de Direito. Com o desaparecimento dos limites ao exercício do poder, diante da relativização dos direitos fundamentais em nome da racionalidade neoliberal, não se está mais no marco do Estado Democrático de Direito.

Com a superação dos entraves típicos do Estado Democrático, criam-se as condições pós-democráticas que se revelam adequadas a uma sociedade desumanizada e a vidas sem princípios.

Vale sempre lembrar, ainda, que o Estado Democrático de Direito é um tipo ideal, ou seja, um modelo intelectual construído a partir da reunião de um certo número de características encontradas (ou desejadas) em um Estado. Porém, em que pese a superioridade ética e democrática desse modelo de Estado, não se pode perder a desconfiança em relação às instituições, que é sobretudo a desconfiança em relação ao Estado, a qualquer Estado. Isso porque, na linha defendida por Marx, a mudança radical da ordem capitalista – que sempre tendeu à mercantilização da vida, fenômeno que se potencializou a partir da racionalidade neoliberal – passa pela superação do poder opressivo das formações estatais do sistema reprodutivo estabelecido.

O Estado que existe em concreto, aquele percebido no mundo-da-vida por pessoas concretas, como já se viu, pode ser condicionado pela "lei" e pelo "direito", como no modelo democrático, mas nunca escapa de conter também manifestações de ilegalidade. Há um espaço de poder que sempre escapa à lei. Ou seja, mesmo que o idealizado Estado Democrático de Direito se caracterize pela existência de limites ao exercício do poder, há espaço para ilegalidades, que funcionam como afirmações da "lei do mais forte".

Portanto, o que caracteriza a morte do Estado Democrático de Direito não é a presença ou o aumento das ilegalidades, a mercantilização da vida ou a primazia da economia na conformação do Estado (fato, aliás, já denunciado por Weber). O que há de novo no Estado Pós-Democrático é o desaparecimento dos limites.

O FINADO ESTADO DEMOCRÁTICO DE DIREITO E SUA APOSTA...

Assim, por exemplo, se no Estado Democrático de Direito existiam limites à mercantilização da vida, limites que podiam ou não ser violados, no Estado Pós-Democrático, os próprios limites tornaram-se mercadoria e, como tal, explicitamente descartáveis.

4. A exceção virou regra

O lugar que uma época ocupa no processo histórico, como percebeu Siegfried Kracauer em *O ornamento da massa*, pode ser identificado a partir daquilo que foi desprezado. O "resto" explica o todo. A verdade de uma época está inscrita em seus conteúdos rejeitados, naquilo que é desprezado ou se quer ocultar, nos efeitos dessa rejeição na realidade, nunca no *dever-ser* ou no discurso oficial. Há algo de ideológico em todo discurso oficial e, portanto, o que é dito pode servir para silenciar a verdade.

Hoje, são as regras e os princípios da Constituição da República e, em especial, os direitos e as garantias fundamentais, que aparecem como o principal conteúdo rejeitado pelos órgãos estatais de nossa época, por mais que o discurso oficial insista na existência de um Estado

ESTADO PÓS-DEMOCRÁTICO

Democrático de Direito. Os direitos fundamentais não são mais percebidos como *trunfos contra a maioria* ou como garantias contra a opressão do Estado. Ao contrário, em vários países, com amplo apoio dos meios de comunicação de massa, os direitos e as garantias previstos no ordenamento jurídico integram o imaginário dos atores jurídicos (e de considerável parcela da população) como obstáculos à eficiência repressiva do Estado ou aos fins do mercado. A verdade de nossa época está inscrita no desrespeito à Constituição no que ela tem de democrático, no fato de o discurso oficial reservar o afastamento de direitos e garantias para situações excepcionais, enquanto a funcionalidade real do Estado revela que o que era para ser exceção transformou-se em regra, ao menos para determinada parcela da sociedade. O Sistema de Justiça Penal, por exemplo, construído no plano discursivo a partir do mito da igualdade, revela-se seletivo no dia a dia, voltado para os indesejáveis (e, aqui, as exceções servem apenas para confirmar essa regra), aqueles que, ao longo da história, forjaram o que Benjamin chamou de "tradição dos oprimidos"; mais do que proteger bens jurídicos, o Sistema de Justiça serve ao controle social e à manutenção das estruturas sociais – manutenção da forma "Estado Capitalista". No Congresso Nacional não é diferente, basta pensar no *lifting* semântico e nos malabarismos discursivos necessários para levar a cabo o impeachment de 2016, com o reconhecimento de um

A EXCEÇÃO VIROU REGRA

"crime de responsabilidade" que não estava previsto no rol dos crimes de responsabilidade, tudo em explícita e casuística afronta ao princípio da legalidade. A violação de direitos torna-se a regra em desfavor de determinadas pessoas. É assim para quem não interessa à sociedade de consumo e ao mercado (por não ser necessário ao processo de produção ou não dispor de capacidade econômica para consumir), para quem incomoda as elites (aqui entendidas como a parcela da sociedade que detém o poder político e/ou econômico) e para quem desequilibra em favor do oprimido a relação historicamente marcada pela vitória do opressor. Em todos esses casos, pode-se, como Benjamin, em sua tese VIII "Sobre o conceito de história", afirmar que o "Estado de Exceção" em que se vive é a regra. No Brasil, mas não só aqui, a violação da normatividade constitucional se tornou a regra.

A democracia, em sua concepção material, para além da participação popular na tomada das decisões políticas, exige, por um lado, a existências de limites ao exercício do poder e, por outro, a concretização dos direitos fundamentais. Assentada essa premissa, o quadro é desolador (por evidente, para aqueles que defendem o projeto constitucional de vida digna para todos). Ganha corpo em diversos países, com grande força entre os atores jurídicos, uma concepção de atuação no mundo-da-vida avessa a limites, sempre em nome dos "interesses da nação", do "combate à corrupção",

71

da "segurança pública", dentre outros significantes que gozam de "anemia semântica", para usar a expressão do jurista catarinense Alexandre Morais da Rosa, mas que são instrumentais ao projeto de controle social das pessoas "sem valor de uso".

Vários atores políticos passaram a defender abertamente – é provável que, em breve, o fascismo italiano e o golpe civil-militar brasileiro de 1964 sejam perdoados e aplaudidos – o impeachment de chefe de Estado sem a existência de crime de responsabilidade, a manutenção de prisões ilegais e desproporcionais, a produção e aceitação de provas ilícitas, a utilização da prisão cautelar como instrumento de coação à obtenção de confissões e/ou delações, a violação da dimensão probatória do princípio da presunção de inocência (contra a ordem constitucional, o imaginário autoritário atribui ao acusado "o dever de provar sua inocência"), entre outras violações da dimensão de garantia que se extrai do texto constitucional.

Não há mais Estado de Exceção (ou em termos benjaminianos, na *tradição dos oprimidos*, o Estado de Exceção é a regra). É justamente a normalização da violação aos limites democráticos, o fato de ter se tornado regra, que caracteriza o Estado Pós-Democrático. Falar em "normalização" ou "regra" nesse contexto equivale a afirmar o desaparecimento dos limites democráticos. O que era exceção no Estado Democrático torna-se a regra da pós-democracia.

A EXCEÇÃO VIROU REGRA

É importante frisar que, para os "oprimidos" e "indesejáveis", o Estado Democrático de Direito nunca passou de uma aspiração. Hoje, no Estado Pós-Democrático, grande parcela da sociedade não percebe a mudança paradigmática. Para os que sempre foram indesejáveis dentro da lógica capitalista, de fato, pouco mudou. Outros, porém, ainda não perceberam que também se tornaram descartáveis. Da mesma maneira que a ditadura instaurada em 1964 democratizou a tortura, antes reservada apenas aos mais pobres, o Estado Pós-Democrático ampliou o âmbito de incidência do autoritarismo. No Brasil, isso foi fácil em razão da tradição autoritária em que o brasileiro está lançado.

Há uma tradição autoritária, uma historicidade, uma pré-compreensão que condiciona a atuação dos atores sociais e levou à naturalização do que deveria ser exceção. Essa tradição produz sintomas sociais que podem facilmente ser identificados na sociedade brasileira: crença em resposta de força, medo e desconfiança da liberdade, aderência rígida a valores convencionais e identificados como da classe média brasileira do século passado, tendência a agredir indivíduos desviantes dos valores convencionais, oposição ao que é da ordem subjetiva/sensível, disposição a pensar mediante categorias rígidas (estereótipos), identificação com figuras de poder, hostilidade generalizada etc. No Brasil, nem mesmo a Constituição da República de 1988, promulgada após a ditadura civil-militar instaurada em 1964, foi capaz de romper com essa tradição.

ESTADO PÓS-DEMOCRÁTICO

As constituições democráticas são textos, eventos fundamentais, que deveriam ser levados em consideração na produção de subjetivismos e na atuação tanto dos agentes estatais quanto dos demais cidadãos, mas que, por si sós, se revelaram incapazes de produzir normas adequadas ao projeto constitucional. Essa impotência do texto constitucional se dá porque a norma, o mandamento que se produz a partir do texto, é sempre produto do intérprete e este, no caso brasileiro, está inserido em uma tradição incapaz de "compreender" o texto tendencialmente democrático. Compreender é aplicar, como percebeu Hans-Georg Gadamer. Se o intérprete é incapaz de compreender o sentido democrático de um texto, a norma que ele irá produzir terá conteúdo antidemocrático.

Somada à tradição autoritária, há, como se verá de forma mais detalhada adiante, um complexo de fatores que levaram à regressão autoritária do Estado brasileiro, com especial destaque para a transformação do simbólico (o enfraquecimento dos limites), o empobrecimento do imaginário e a consequente redução do pensamento ao modelo binário-bélico de ver o mundo (amigo *versus* inimigo, bem *versus* mal etc.).

O exemplo do Sistema de Justiça Criminal, trama simbólico-imaginária na qual o autoritarismo testa a sua aderência ao Estado, é significativo. Nele, os atores jurídicos (juízes, promotores de justiça, procuradores da República etc.) passaram a adotar uma versão distorcida da *teoria do direito penal do inimigo*, mas funcional à racionalidade neoliberal, em que se promove a ampliação do âmbito das pessoas rotuladas de "inimigo". Inimigo, por definição, é o não cidadão, aquele que não precisa gozar de direitos. Na pós-democracia, inimigo é todo aquele que não possui valor de uso dentro da racionalidade neoliberal.

Já no processo penal, área do direito em que se dá a gestão do poder penal no mundo-da-vida, as tentativas de racionalização desse poder foram substituídas pelo fenômeno da espetacularização, típico da pós-democracia. Tem-se uma nova mercadoria a ser oferecida ao consumidor-espectador. Tem-se, então, o "processo penal do espetáculo", no qual se dá o primado do enredo, da versão dirigida pelo juiz para agradar a opinião pública ou o desejo das corporações midiáticas (as mesmas que constroem versões e fabricam heróis para as massas), sobre o fato.

5. O empobrecimento do imaginário

Hoje, qualquer mudança na sociedade que pretenda assumir ares de legitimidade exige uma luta pelo imaginário. Há uma função política do imaginário que guarda relação com o que se convencionou chamar de "poder simbólico". Não há luta política, econômica, ideológica ou de legitimação de um estado de coisas sem que exista um trabalho voltado para o imaginário, capaz de fazer as pessoas aderirem, ainda que no plano meramente afetivo, às mudanças propostas.

O conceito de imaginário, que foi desenvolvido na filosofia, na psicologia, nas ciências sociais e na psicanálise, surgiu com a hipótese de que o pertencimento a determinado meio podia ser pensado como a internalização desse meio em cada pessoa. Por imaginário, então, entende-se um conjunto de representações

ESTADO PÓS-DEMOCRÁTICO

inconscientes que aparecem a partir de imagens e outros fenômenos percebidos no meio em que se encontra o indivíduo. O imaginário liga-se à capacidade de representar coisas em pensamento e permite a organização imagética do mundo. Não se trata, pois, de mera imaginação, mas de uma relação especular que permite o advento do sentido que a pessoa atribui a cada fenômeno. Na psicanálise, costuma-se apontar para o imaginário como aquilo que faz o sentido, enquanto o simbólico, ligado à linguagem, é o que leva ao "duplo sentido" (e o real é o próprio *nonsense*). Isso significa que o imaginário faz com que as pessoas passem a "entender" e aceitar o que se passa; já o simbólico, o plano da linguagem e da cultura, permite deslocamentos de sentido e interpretações conflitantes, enquanto o real é da ordem do não representável, daquilo que não faz sentido.

O imaginário constitui o que a pessoa percebe como realidade, com representações que partem dos materiais simbólicos que existem em determinado agrupamento social. O imaginário social, por sua vez, permite a um grupo o reconhecimento de uma identidade e de uma imagem que faz de si, o que leva à divisão de papéis sociais, ao respeito a códigos de comportamento coletivamente aceitos, à identificação de motivações e ao estabelecimento de crenças comuns – nas sociedades autoritárias, por exemplo, a crença no uso da força como principal meio para resolver problemas –, isso

O EMPOBRECIMENTO DO IMAGINÁRIO

sempre a partir da conjugação das relações de sentido e da apropriação de bens simbólicos. Não há dúvida, portanto, que a razão neoliberal passou a integrar o imaginário em tempos pós-democráticos. Pequenas coisas, que passam a fazer (ou não fazer) sentido, demonstram um fenômeno típico do momento. Não entender uma piada ou o uso da ironia tem a mesma causa que o ódio capaz de impedir o diálogo: o empobrecimento do imaginário. Trata-se de uma das principais causas do crescimento do pensamento autoritário na sociedade brasileira. Sem o empobrecimento do imaginário, consequência necessária da adesão à razão neoliberal, o Estado Pós-Democrático não teria surgido.

Atacar a diferença, transformar em inimigo todos os que pensam diferente, optar pelo *ter* em detrimento do *ser* (Erich Fromm), usar pessoas e amar as coisas (Joel Birman), sentir medo da liberdade (salvo da liberdade para consumir) com a correlata aposta em medidas autoritárias como forma de se abster da responsabilidade tanto pela liberdade quanto pela vida em democracia, em clara tendência compulsiva à submissão ou à dominação travestida de "segurança", são sintomas de uma época em que o pensamento se reduziu ao modelo binário-bélico de ver o mundo: bem *versus* mal, amigo *versus* inimigo, direita *versus* esquerda etc.

Quando as colorações político-partidárias tornam-se mais importantes do que a defesa dos direitos e garantias fundamentais, a democracia encontra-se

ESTADO PÓS-DEMOCRÁTICO

em perigo. Mas, no momento em que os direitos e as garantias fundamentais são afastados para atender à racionalidade neoliberal, não há mais democracia, e, sim, mero simulacro. No Estado Pós-Democrático, em nome do mercado e do capital financeiro, a complexidade do pensamento é desconsiderada, as nuances de uma imagem ou obra não são percebidas e o moralismo recupera um espaço que se imaginou perdido.

O inimigo é a alteridade, aquilo que ainda consegue revelar o que as tentativas de uniformizar o mundo insistem em negar. A alteridade, a diferença não consumível, torna-se o lixo, o que resta da complexidade escondida por uma visão de mundo redutora. O indivíduo estandardizado, midiatizado, o a-sujeito, após se demitir da faculdade de pensar, passa a odiar o que pensa ser diferente, desconhecido e, portanto, capaz de gerar medo – pode ser um livro, um filme ou mesmo uma pessoa.

Na pós-democracia, há uma tendência à criação de um inimigo imaginário com base em estereótipos hostis que impedem a percepção do que há de singular no outro, no diferente. O inimigo é construído a partir tanto de preconceitos quanto de estereótipos e passa a ser identificado como uma ameaça e, por vezes, a causa de todos os males. O outro torna-se um monstro, em uma espécie de regressão a padrões de pensamento da primeira infância, e a exclusão/extermínio da diferença é a solução para a superação do medo. O medo, in-

O EMPOBRECIMENTO DO IMAGINÁRIO

timamente ligado à ignorância, ao desconhecimento, aumenta na mesma proporção em que se dá esse empobrecimento subjetivo. Há uma relação direta entre a ausência de reflexão, o desconhecimento, o medo e a violência que os acompanha.

Vale lembrar que a transformação do simbólico – com a perda da importância dos valores que desde a modernidade condicionaram o ser-no-mundo, todos relativizados, ou mesmo substituídos, pelo valor "mercadoria" (o que levou o filósofo Giorgio Agamben a afirmar que "Deus tornou-se dinheiro"); a substituição do sujeito crítico kantiano pelo sujeito consumidor acrítico; a ruptura entre a família e o social (com a sociedade encarada como um perigo à família); e o desaparecimento dos limites ligados à subjetivação (que, por um lado, produz sujeitos perversos e, por outro, propicia medidas fascistas que apostam no uso da força e negam a diferença e os direitos fundamentais) – está ligada a esse empobrecimento típico do ultraliberalismo e que permitiu a emergência do Estado Pós-Democrático.

Tudo isso repercute diretamente na sociedade e também na atuação do Poder Judiciário, que no Estado Democrático de Direito deveria funcionar como garantidor dos direitos fundamentais, último bastião estatal de defesa da democracia. Uma vez que o real não é representável (e a verdade possível em um processo judicial é sempre aproximativa), o convencimento do juiz é necessariamente um ato que une simbólico (a Lei)

ESTADO PÓS-DEMOCRÁTICO

e imaginário (as imagens e percepções que se formam a partir do simbólico, da linguagem). O empobrecimento do imaginário, que é também o empobrecimento do sujeito, faz com que os valores e princípios democráticos passem a ser percebidos como mercadorias, que podem ou não ser utilizadas em determinado caso concreto. Se os princípios e valores democráticos tornam-se descartáveis, não há mais democracia.

Assim, essa nova combinação sinérgica de significações, ações e valores que se dá com o empobrecimento do imaginário gera drásticos efeitos, por exemplo, no Sistema de Justiça Criminal, com o retorno do processo penal à lógica medieval. Ressurge com toda força a figura do juiz-divino, que representa a bondade (o bem) e que, por isso, está legitimado a ultrapassar limites – com Agostinho Ramalho, sempre cabe a pergunta: "quem nos protegerá da bondade dos bons"? Na mesma toada, as garantias processuais passam a ser percebidas como obstáculos à eficiência repressiva e à lógica da circulação da mercadoria "justiça". Mas não é só. A mitológica busca da "verdade real" (elemento discursivo que a tradição processual brasileira nunca conseguiu superar) retoma seu papel de dar sustentação "racional" a medidas autoritárias (em nome da descoberta da "verdade", não podem existir limites "éticos" ou "legais") e, por fim, como em todo regime não democrático, os acusados, na condição de inimigos, passam a ser meros objetos (e não sujeitos de direitos) de persecução penal.

O EMPOBRECIMENTO DO IMAGINÁRIO

O empobrecimento do imaginário, que se revela no recurso simplista a medidas autoritárias, não poupa atores sociais tanto do campo conservador quanto do campo progressista. As saídas irracionais à crise da governabilidade neoliberal, que sempre giram em torno da restrição de direitos, do aumento de penas, da criminalização de condutas, da redução de garantias e das simplificações dos procedimentos – é importante atentar que, na democracia, algumas formas funcionam como garantias de todos os cidadãos –, são apresentadas tanto por parlamentares que se dizem "defensores dos direitos humanos" quanto por aqueles que, com comovente sinceridade, defendem a volta da ditadura.

O desafio é ressimbolizar o mundo e propiciar a criação de um imaginário adequado à democracia, ao projeto constitucional de vida digna para todos. É também apostar na tolerância – e, como já foi escrito em algum lugar, o desafio da tolerância é ser tolerante até com os intolerantes – e na compreensão. Pode-se apostar em uma concepção compreensiva de poder, capaz de produzir um giro no trato da coisa pública e na relação com as pessoas. No Sistema de Justiça Criminal, porta de entrada das medidas autoritárias na sociedade, é essencial reforçar o papel das garantias fundamentais. Hoje, deve-se reagir ao Estado Pós-Democrático e, para tanto, apostar na conservação dos direitos e das garantias cunhadas na caminhada civilizatória mesmo contra a vontade de maiorias de ocasião.

ESTADO PÓS-DEMOCRÁTICO

Um dos caminhos para responder à emergência do Estado Pós-Democrático passa por abandonar o culto à ação sem reflexão, os estereótipos e as visões reducionistas do mundo que fazem com que conservadores se apresentem como "liberais", "marxistas" defendam a perda do valor do trabalho e "feministas" sustentem posições de poder repressivas e bélicas atreladas a concepções hierarquizadas e essencialistas originadas do patriarcado. O desejo de democracia, ligado à concretização dos direitos, exige atenção ao imaginário. Construir a democracia, inclusive no Sistema de Justiça, é superar o imaginário autoritário.

6. O crescimento do pensamento autoritário

Há uma fábula oriental que traz a história de um homem que, enquanto dormia, teve a boca invadida por uma serpente. A serpente alojou-se no estômago, de onde passou a controlar a vontade do homem. A liberdade desse infeliz desapareceu; o homem ficou à mercê da serpente, já não se pertencia – era a serpente a responsável por todos os seus atos. Certo dia, o homem acorda e percebe que o animal havia partido e que, novamente, estava livre. Deu-se conta, então, de que não sabia mais o que fazer da sua liberdade, que havia perdido a capacidade de desejar, de agir de maneira autônoma.

Em *A instituição negada*, Franco Basaglia resgata essa fábula para concluir que "nesta sociedade, somos todos escravos da serpente, e que se não tentarmos destruí-la ou vomitá-la, nunca veremos o tempo da reconquista do conteúdo humano de nossa vida". A emergência do Estado Pós-Democrático, que autoriza os microfascismos do dia a dia, parece confirmar a hipótese de Basaglia: não há razão para temer o ovo da serpente, pois ela já existe e está dentro de cada um de nós. Há uma tendência ao autoritarismo que leva à naturalização de atos autoritários e que precisa ser compreendida. Em outras palavras, há uma tradição autoritária, uma cultura (essa "segunda natureza" de um ser finito, incapaz de sobreviver sem ajuda), uma crença no uso da força em detrimento do conhecimento, que coloca cada um na posição de um fascista em potencial. Esse "fascismo potencial", aliás detectado e analisado na pesquisa relatada por Theodor W. Adorno em *Studies in the Authoritarian Personality*, que está presente no psiquismo de cada indivíduo, faz com que práticas autoritárias sejam facilmente naturalizadas. Apenas a naturalização de práticas autoritárias, por vezes incentivada pelos detentores do poder político, é capaz de explicar a facilidade com que o Estado Democrático de Direito foi substituído pelo Estado Pós-Democrático.

As práticas autoritárias, que, não raro, implicam o uso da violência e da coação, repousam em uma aceitação construída e admitida por pessoas inseridas em uma tradição autoritária. Essa tradição é composta de convicções políticas, econômicas e sociais que for-

O CRESCIMENTO DO PENSAMENTO AUTORITÁRIO

mam um padrão amplo e coerente que é expressão de tendências antidemocráticas. Pode-se falar, até, em pessoas vulneráveis a ideologias autoritárias. Indivíduos que se inserem nesse padrão, constatável mediante o exame de opiniões, atitudes e valores, e que seguem tendências que negam a cultura democrática de respeito aos direitos e às garantias de todos, apresentam várias caraterísticas em comum. Adorno identificou algumas delas em seus estudos: aderência rígida a determinados valores (valores da "classe média"), atitude submissa e acrítica diante de autoridades idealizadas, tendência a criticar e condenar/castigar/agredir quem viola os valores em que acredita, oposição ao que é da ordem da imaginação e do sensível, afirmação desmesurada da força e da dureza, hostilidade generalizada, tendência ao vilipêndio do que é humano, disposição a pensar mediante categorias rígidas, projeção a terceiros de impulsos emocionais inconscientes, preocupação exagerada com a sexualidade alheia, entre outras.

Em que pese a existência de teóricos dispostos a dar aparência de racionalidade àquilo que é, em essência, irracional (basta pensar em "juristas" que "justificam" prisões desnecessárias ou "pausas democráticas"), o autoritarismo não necessita de racionalizações, uma vez que se refere a dados intuitivos e imediatos que não dependem de reflexão – ao contrário, essas práticas se alimentam de dados que não suportam qualquer juízo crítico –, e, portanto, aptos a serem

ESTADO PÓS-DEMOCRÁTICO

incorporados por todos e, com mais facilidade, pelos mais ignorantes. Autoritarismo e ignorância sempre andaram juntos.

A aposta em soluções de força para solucionar os mais variados problemas sociais revela uma desconfiança de natureza antidemocrática. O portador daquilo que Adorno chamou de "personalidade autoritária" sempre desconfia do conhecimento e tem ódio de quem demonstra saber algo que afronte ou se revele capaz de abalar suas crenças. Ignorância e confusão pautam sua postura na sociedade. O recurso a crenças irracionais ou antirracionais, a criação de inimigos imaginários (a transformação do "diferente" em inimigo), a confusão entre acusação e julgamento (o acusador – aquele indivíduo que aponta o dedo e atribui responsabilidade – que se transforma em juiz e o juiz que se torna acusador – o inquisidor pós-moderno) são sintomas do crescimento do pensamento autoritário que poderiam ser superados se o sujeito estivesse aberto ao saber, ao diálogo que revela diversos saberes.

Se no Sistema de Justiça a identificação do acusador com o julgador revela a adesão aos postulados inquisitoriais, na dinâmica social essa amálgama, que costuma andar acompanhada de certezas delirantes típicas de quadros paranoicos, gera "paródias de juízos" (Adorno). Isso explica por que é tão difícil mudar uma opinião ou um julgamento baseado em preconceitos. Ao se identificarem acusador e juiz, o fato, o acontecimento,

O CRESCIMENTO DO PENSAMENTO AUTORITÁRIO

perde importância para a hipótese desde o início aceita como verdadeira. Não há ou são muito reduzidas as chances de defesa ou resistência. Não raro, a confusão entre as figuras do acusador e do juiz levam também ao intercâmbio de papel entre a vítima e o violador, o oprimido e o opressor.

Ao lado do ódio ao saber, o tipo ideal de sujeito na pós-democracia demonstra sentir medo da liberdade. O sujeito da pós-democracia desconfia, não sabe como exercê-la (e não admite que outros saibam ou tentem), razão pela qual aceita abrir mão da liberdade (e querer o fim da liberdade alheia) para fundir-se com algo (um movimento, um grupo, uma instituição etc.) ou alguém a fim de adquirir a força que acredita ser necessária para resolver seus problemas (e os problemas, reais ou imaginários, que vislumbra na sociedade). O sujeito da pós-democracia apresenta compulsão à submissão e, ao mesmo tempo, à dominação (é um submisso, que demonstra dependência com poderes ou instituições externas, mas que, simultaneamente, quer dominar terceiros e eliminar os diferentes), é um masoquista e um sádico, que não hesita em transformar o outro em mero objeto e goza ao vê-lo sofrer.

O Estado Democrático de Direito, com os direitos fundamentais apresentados como limites ao arbítrio e o princípio da legalidade estrita a condicionar a ação dos agentes públicos, era um obstáculo ao crescimento do autoritarismo. Por isso, em nome das exigências do

ESTADO PÓS-DEMOCRÁTICO

mercado, da livre circulação de mercadorias e do capital e dos órgãos de repressão a serviço dos detentores do poder político e econômico, tornou-se disfuncional. Da mesma maneira que o fascismo clássico, nas décadas de 1920 à de 1940, foi funcional ao projeto capitalista de então, o Estado Pós-Democrático, que liberta o autoritarismo necessário ao crescimento do mercado na medida em que desqualifica os direitos fundamentais e se afasta do primado da legalidade estrita, encontra-se autorizado pela razão neoliberal.

7. Sistema de Justiça Criminal: uma questão de poder

A história moderna do Sistema de Justiça Criminal foi escrita a partir de dois fenômenos: a "liberdade" e a "prisão". A liberdade (idealizada como inerente à pessoa) e a prisão (essa construção de uma cultura que viu utilidade em permitir que pessoas possam enjaular outras pessoas) tornaram-se conceitos instrumentais ao exercício do poder. Em todo mundo, não faltam exemplos da utilização política da restrição da liberdade de uma pessoa ou de determinado grupo. Pode-se pensar no longo período de prisão do líder sul-africano Nelson Mandela como necessário à manutenção do regime do *apartheid* ou na prisão das sufragistas inglesas como tentativa de inviabilizar a participação das mulheres na vida política na velha Europa. Na Flórida, para citar mais um exemplo, o roteiro da eleição presidencial que levou o republicano George W. Bush pela primeira vez à presidência dos Estados Unidos tem um capítulo escrito a partir das prisões de potenciais eleitores do adversário democrata. Não por acaso, o Sistema de Justiça Criminal é o principal laboratório para testar a aceitação social de medidas autoritárias.

Por Sistema de Justiça Criminal entende-se o conjunto ordenado, ou propositalmente caótico, de agências estatais, leis, instituições, práticas e indivíduos unidos em torno do exercício do poder penal, isto é, do poder tanto de submeter o corpo quanto de determinar a conduta de outras pessoas. Nesse conceito, o significante "justiça" desaparece para dar lugar ao significante "poder". Aliás, o valor "justiça" pode estar ausente no exercício concreto do poder penal. No Estado Pós-Democrático, o poder penal encontra-se livre como nunca para atender aos interesses dos detentores do poder político e do poder econômico, o que se dá na exata medida em que os valores "liberdade", "verdade" e "justiça", tratados como mercadorias com pouco valor de uso, perdem prestígio.

O poder penal é um dos principais instrumentos para o controle social de pessoas indesejáveis aos olhos dos governantes, dos detentores do poder político e do poder econômico. O poder penal, que antes relacionava-se com o mercado de trabalho, em uma quadra histórica na qual a relação entre o cárcere e a fábrica

SISTEMA DE JUSTIÇA CRIMINAL

era inegável, uma vez que a pena era vista como uma medida correcional que visava preparar pessoas para a cultura do trabalho, hoje tem a finalidade política de neutralizar os inimigos e atender à razão neoliberal. O neoliberalismo, aliás, percebido como um modo de governar a sociedade, tem que recorrer ao poder penal para sustentar o projeto capitalista.

Hoje não resta dúvida de que o poder penal é uma das mais importantes manifestações de força do Estado, que detém o monopólio da violência legítima (e que, não raro, também exerce violência ilegítima). O poder, desde Max Weber, costuma ser explicado como a possibilidade de impor uma vontade e submeter o comportamento alheio. O poder político se focaliza no Estado e trata do controle de pessoas e da natureza, a partir da influência no comportamento das atividades legislativas, administrativas e jurisdicionais. Para tanto, quem detém o poder político procura criar reações emocionais e racionais sobre os que são por eles governados, induzindo-os a aceitar, ainda que de forma implícita, as ordens e os comandos, muitas vezes apresentados de forma dissimulada. A dupla face do Estado, que busca dominar e integrar, leva o poder político a se apresentar de diferentes formas, em manifestações tanto de poder material quanto de poder simbólico, em relações de força e relações de sentido – e as relações de força sempre são também relações de sentido. *Grosso modo*, pode-se falar que os consumidores são submetidos ao psicopoder, poder inteligente que faz com que o sujeito submetido não tenha sequer consciência de sua submissão e que aposta no autocontrole e na autoexploração, na organização e na otimização de si realizadas de modo voluntário, ao passo que aos não consumidores, aqueles que não interessam ao mercado e ao capitalismo financeiro, reserva-se o poder disciplinar, o poder penal e/ou o extermínio.

No Estado Pós-Democrático em países periféricos, com a organização estatal direcionada a servir quase exclusivamente aos interesses do mercado e do capital, resta ao poder político investir em sua face penal – a "mão direita" do Estado a que se referia Pierre Bourdieu –, isso sem descuidar da produção de estruturas cognitivas que levem o cidadão a obedecer. O poder penal, dentro dessa linha, pode ser definido como a utilização da força para submeter o comportamento alheio a partir de uma opção política que criminaliza determinadas condutas humanas, tornando-as passíveis de uma pena.

Poder penal, Estado e controle são conceitos que aparecem sempre associados. Através do exercício do poder penal, o Estado exerce o controle da população. No Estado moderno há uma tendência à centralização do poder e do controle social, ao contrário do que acontecia no regime feudal. Porém, cada dia mais, verifica-se que, ao lado do controle formal, próprio ao aparato do Estado e que recorre ao uso da força, existe um controle informal, enraizado na sociedade civil. A

SISTEMA DE JUSTIÇA CRIMINAL

família, a escola, os meios de comunicação de massa, as igrejas, as sociedades empresariais, entre outras instituições, participam do controle diário dos indivíduos, muitas vezes a partir de processos de estigmatização social. Sem recorrer ao uso da força, pessoas são discriminadas, desqualificadas, excluídas e manipuladas por essas agências de controle informal. Também não se desconhece toda uma indústria da segurança privada (a segurança também transformada em mercadoria), com pessoas exercendo o controle de outras como se fossem agentes do Estado. Contudo, essas formas de controle, algumas das quais violentas, não guardam relação direta com o poder penal e com o Sistema de Justiça Criminal.

Por dizer respeito ao exercício concreto do poder penal, há necessariamente algo de autoritário no funcionamento do Sistema de Justiça Criminal. O poder penal refere-se sempre à autoridade, ao uso da força, ao uso da violência legítima pelo Estado. O que caracteriza o Sistema de Justiça Criminal no Estado Pós-Democrático não é o autoritarismo ou mesmo o uso seletivo do poder penal, e sim a ausência de limites ao exercício desse poder.

Os próprios atores do Sistema de Justiça Criminal não aceitam a existência de limites ao exercício do poder penal. No Estado Pós-Democrático, os atores jurídicos (ministros, procuradores, juízes, promotores, policiais etc.) estão dominados pelo verbo modal "poder". Não

ESTADO PÓS-DEMOCRÁTICO

há mais a compreensão de que possuem um dever, que naturalmente sempre tem limites. O dever pressupõe a instância do outro e a ausência de vínculos com esse outro é condição de possibilidade do Estado Pós-Democrático. No que se refere ao Sistema de Justiça Criminal, os atores jurídicos percebem-se como empresários da justiça, de uma ideia de justiça condicionada por uma tradição autoritária. Acreditam ser livres, por escapar-lhes a estrutura de poder e de coação que a racionalidade neoliberal comporta. A busca pelo rendimento ótimo, a crença de que sempre é possível alcançar mais e maiores efeitos repressivos em sociedades marcadas por uma tradição autoritária, produz coações que não são percebidas como tais pelos atores jurídicos-empresários de si.

Se a origem do poder penal é teocrática, na medida em que encontrava justificação na crença de que seus detentores realizavam a justiça divina no mundo humano, hoje o poder penal está a serviço dos detentores do poder político, que na pós-democracia se identificam com os detentores do poder econômico, aos quais não interessa a preservação dos direitos e das garantias fundamentais.

Para se entender o Sistema de Justiça Criminal é necessário também recorrer aos conceitos de "organização" e "burocracia". Por um lado, uma composição, uma combinação de esforços voltados à concretização (ou ao controle) do poder penal. De outro, uma es-

SISTEMA DE JUSTIÇA CRIMINAL

trutura caracterizada pela existência de regras e procedimentos, bem como pela divisão de funções entre as pessoas que, de maneira direta ou indireta, permitirão o exercício desse poder a partir da atribuição a uma pessoa de um crime. Na pós-democracia, o que há é o direcionamento tanto da "organização" quanto da "burocracia" aos fins do mercado e/ou do capital financeiro. Ao contrário do que muitos pensam, o crime (a conduta descrita pelo legislador como passível de uma pena) não é um conceito ontológico ou a-histórico e nem mesmo sempre pode ser tido como uma conduta naturalmente ruim. Crime é um fenômeno cultural, sempre condicionado no tempo e no espaço. Assim, crime é aquilo que o legislador de determinado país define que é crime em determinado contexto. Nem tudo o que é crime no Brasil, país em que há uma verdadeira inflação legislativa penal (panpenalismo), também o é na Suécia. Nem tudo o que hoje é crime, e tido como reprovável pelo legislador, era crime há poucos anos. Pense-se no crime de "adultério", excluído da legislação penal brasileira apenas em 2005 (embora, na prática, os adultérios ocorressem sem muita preocupação dos "criminosos"). Ou na conduta consistente em realizar um aborto, que em muitos países ocidentais desenvolvidos é legítima e socialmente aceita, mas que no Brasil está no rol dos crimes contra a vida.

É importante ter em mente que nem todo fato desagradável ou moralmente reprovável é um delito. Existe

ESTADO PÓS-DEMOCRÁTICO

um processo de criminalização no qual determinadas condutas, por diversas razões (nem todas éticas ou legítimas), são selecionadas para merecer uma pena.

Em diversos países, encontram-se exemplos de que esse processo de seleção, que cabe ao Poder Legislativo e que inclui também a quantidade de pena prevista em abstrato (o máximo e o mínimo de pena possível) para cada crime, atende a condicionantes ideológicas, de classe, de gênero ou mesmo a interesses econômicos das corporações a que determinados legisladores estão vinculados. No Brasil, por exemplo, as penas para crimes patrimoniais são mais severas do que aquelas relativas aos crimes contra a honra.

Da mesma forma, nem todos que praticam condutas consideradas criminosas vão ser processados ou punidos, isso porque, após a criminalização primária (a escolha "do que punir"), existe a criminalização secundária, que é a escolha, muitas vezes aleatória ou arbitrária, daquelas pessoas que serão investigadas pela polícia, denunciadas pelo órgão acusador (no Brasil, o Ministério Público) e condenadas pelo Poder Judiciário. Na criminalização secundária, as mesmas questões ideológicas, de classe, de gênero, e também a racionalidade neoliberal, atuam, o que gera o fenômeno das "cifras ocultas" – a diferença entre o número de crimes ocorridos, muitos dos quais nunca chegam ao conhecimento das autoridades encarregadas da persecução penal, e aqueles efetivamente investigados,

SISTEMA DE JUSTIÇA CRIMINAL

processados e punidos –, razão pela qual o ideal de igualdade perante a lei, que o direito liberal trata como princípio, não passa de um mito na pós-democracia.

É inegável, portanto, a necessidade de tentar racionalizar o "o que punir" (objeto, no plano teórico, do direito penal) e o "como punir" (objeto, no plano teórico, do processo penal). No entanto, não se pode pensar o Sistema de Justiça Criminal, nem o direito e o processo penal, em especial na pós-democracia, dissociados da ideia de seletividade (o poder penal não atinge a todos) e dos efeitos concretos que gera sobre seres humanos. A sedução exercida pelos rituais e pelos discursos sobre os efeitos espetaculares do poder penal, a beleza de seus mitos e os objetivos que a mídia e alguns atores jurídicos costumam atribuir a ele ("reforço da segurança pública", "combate ao crime", "punição dos criminosos" etc.) não devem produzir o esquecimento do sofrimento e da violência que o Estado é capaz de causar através dele.

O Sistema de Justiça Criminal engloba diversas agências estatais (o Poder Judiciário, o Ministério Público, a polícia etc.). Porém não só. Hoje é impossível pensar o funcionamento do Sistema de Justiça Criminal sem analisar o funcionamento dos meios de comunicação de massa, que produzem hipóteses acusatórias, selecionam "provas", julgam (sem os limites impostos pelas constituições democráticas) e executam pessoas diante de seus leitores, ouvintes e espectadores.

ESTADO PÓS-DEMOCRÁTICO

Não raro, os julgamentos e execuções midiáticos são mais céleres e festejados do que aqueles realizados pelo Poder Judiciário. Não raro, geram ainda mais injustiça. Não raro, os julgamentos midiáticos influenciam os julgamentos do Poder Judiciário, isso porque muitos juízes também querem ser festejados pelos meios de comunicação de massa. No Sistema de Justiça Criminal há sempre um drama (muitas vezes potencializado pela atuação da mídia), episódios de conflito, anseios de liberdade, perversões e desejos de punição. A forma como o Sistema de Justiça Criminal atua nunca é neutra: o poder penal é utilizado com funcionalidade política, como instrumento de vingança, com a finalidade de atender à racionalidade neoliberal, entre outras. Por outro lado, em culturas democráticas, o Sistema de Justiça Criminal se impõe como o espaço de racionalização do poder penal e da redução não só dos danos produzidos por quem viola a lei penal, como também dos danos produzidos pela própria aplicação da lei penal. Hoje, portanto, não se pode mais pensar o Sistema de Justiça Criminal como um espaço meramente técnico, vazio de valores, no qual se dá uma sequência ordenada de atos que a lei impõe para a averiguação da existência de determinado crime, a descoberta da autoria do delito ou a punição de quem viola a norma penal.

Vale lembrar que a norma penal (por exemplo, o "Não matarás") é sempre o produto da interpre-

SISTEMA DE JUSTIÇA CRIMINAL

tação sobre um texto legal (art. 121 do Código Penal brasileiro: "Matar alguém. Pena – reclusão, de seis a vinte anos") e revela o que o legislador (a partir de seus valores) e o intérprete (que também é tomado por valores) entendem por conduta normal. A questão é: necessariamente, o que o legislador entende por "conduta normal" é percebido como normal pelo cidadão? A resposta para essa questão, intimamente ligada aos limites para punir nas democracias, vai depender também dos valores de quem responder. No Sistema de Justiça Criminal, nada é neutro. Na pós-democracia, a neutralidade não passa de uma desculpa para o arbítrio em nome da racionalidade neoliberal.

Nos modelos autoritários, e o Estado Pós-Democrático tende ao autoritarismo, o Sistema de Justiça Criminal funciona como um aparelho voltado exclusivamente à imposição de penas. No Estado Pós-Democrático o que há é uma empresa punitiva. E a pena consiste, em última análise, sempre na imposição de um sofrimento, apresentado como resposta aos fatos rotulados como criminosos, a determinada pessoa de carne e osso. Em meio à confusão entre crime e pecado, entre direito e moralismo, os direitos e as garantias fundamentais, ainda quando previstos formalmente na legislação de um país, acabam percebidos e afastados como obstáculos à atividade repressiva do Estado.

Registre-se, desde já, que o estudo do Sistema de Justiça Criminal nunca será um exercício intelectual inocente, nem pode partir de premissas ingênuas (o Sistema de Justiça Criminal, por exemplo, não é o *locus* adequado à luta do bem contra o mal), dissociadas da facticidade ou travestidas de tecnicismos. Isso porque a compreensão, as ações e as omissões nesse campo sempre produzem efeitos de forte significação social, com a redução ou a ampliação dos danos produzidos na sociedade tanto pelo delinquente quanto pelo próprio Estado. Esse conjunto de elementos que tratam diretamente do poder de aplicar uma resposta estatal (chamada de "pena") a um fato (nos modelos democráticos) ou a uma pessoa (nos modelos autoritários), construído a partir da tensão diante da possibilidade de o Estado constranger as liberdades individuais, acaba condicionado por valores e opções políticas, isso para ampliar ou restringir a utilização concreta do poder penal. Vale lembrar que, em modelos autoritários de justiça penal, a pessoa é punida em razão do que ela é ou representa, ao passo que modelos tendencialmente democráticos se preocupam em punir uma pessoa pelo que ela fez.

O Sistema de Justiça Criminal, portanto, pode servir como instrumento tanto de repressão e incremento da violência social quanto de garantia dos direitos fundamentais. Aliás, do ponto de vista político, esse conjunto de leis, instituições, práticas e indivíduos que trata do poder penal costuma ser apresentado de diferentes formas, ora como local da punição de elementos disfun-

SISTEMA DE JUSTIÇA CRIMINAL

cionais e da redução da criminalidade (como se dá no Estado Pós-Democrático), ora como espaço da garantia política de que a pena criminal somente será aplicada por meio de um procedimento previsto em lei, assegurados sempre os direitos e as garantias fundamentais.

8. O Sistema de Justiça Criminal e sua tradição autoritária

O Sistema de Justiça Criminal, como todo produto feito pelo homem, está condicionado por uma tradição. A visão que se pode ter dele depende, portanto, de uma pré-compreensão acerca das ideias de "liberdade" e de "punição", da fé ou da descrença que o observador deposite no sistema, nas instituições encarregadas do controle penal e, em especial, na prisão.

No Brasil e em diversos países da América Latina, como também em alguns países europeus como Portugal e Espanha, essa percepção é gravemente afetada por um vasto repertório de elementos culturais dissociados do projeto democratizante encartado nas constituições do pós-guerra, significantes que se projetam no tempo e repercutem na formação de um *imaginário*

ESTADO PÓS-DEMOCRÁTICO

autoritário, de um *inconsciente inquisitorial*, de uma cultura que acredita no uso da força, em detrimento do conhecimento, como forma de solucionar os mais diversos problemas sociais. Há, em outras palavras, uma tradição autoritária que repercute na forma como o Sistema de Justiça Criminal é percebido, no modo como a prisão e outras medidas de força são privilegiadas, enquanto a liberdade passa a ser afastada no dia a dia sem maiores constrangimentos. No Estado Pós-Democrático, essa tradição autoritária encontra um modo de organização do poder apto a permitir sua continuidade.

De fato, há um óbice, de natureza hermenêutica, à concretização de um Sistema de Justiça Criminal que respeite os direitos e as garantias fundamentais nos países inseridos em tradições autoritárias. Neles, há uma tendência à não produção de normas democratizantes. Da mesma maneira, a defesa do Estado Democrático de Direito fica comprometida diante dessa tradição. É muito mais fácil instaurar o Estado Pós-Democrático em países que foram incapazes de construir e aderir a uma cultura verdadeiramente democrática.

A compreensão e o modo de atuar no mundo ficam comprometidos em razão da tradição em que o intérprete está inserido. Isso se dá por causa da diferença (diga-se: ontológica) entre o ser e o ente (Martin Heidegger), entre o texto de lei e a norma (o manda-

O SISTEMA DE JUSTIÇA CRIMINAL E SUA TRADIÇÃO AUTORITÁRIA

mento de conduta) produzida pelo intérprete (Lenio Luiz Streck). Intérpretes autoritários, com base em seus preconceitos, suas visões de mundo e os valores que carregam, produzem ações e normas autoritárias, mesmo diante de textos tendencialmente democráticos. Em razão do imaginário autoritário dos intérpretes que atuam no Sistema de Justiça Criminal, da pré-compreensão carregada de valores inadequados à democracia (em especial, a crença no uso da força e o medo da liberdade), as normas criadas e as atitudes adotadas pelos intérpretes (e as normas são sempre produto dos intérpretes) tornam-se autoritárias. E o pior é que o autoritarismo produzido acaba naturalizado e muitas vezes aplaudido. Se as pessoas acreditam que todos os problemas só podem ser resolvidos por meio do uso da força, com o emprego da violência, qualquer outra medida se tornará indesejada. Se a televisão e o cinema, para citar apenas dois exemplos, que são importantes formas de produção de subjetividade, tanto em programas que exploram e incentivam a violência policial quanto em produções como *Desejo de matar, Doce vingança, Máquina mortífera, Dark Justice,* entre inúmeros outros, geram a crença na violência como remédio mágico aos mais variados problemas sociais, as pessoas passam a esperar respostas violentas também do Sistema de Justiça Criminal.

A partir da percepção de que a tradição em que está lançado o intérprete condiciona a ação dos atores

ESTADO PÓS-DEMOCRÁTICO

jurídicos e a produção de normas, bem como dos já mencionados condicionamentos históricos, culturais, ideológicos e mercadológicos à criminalização tanto primária (escolha das condutas a serem criminalizadas) quanto secundária (escolha das pessoas que vão se submeter à persecução penal), para se compreender o Sistema de Justiça Criminal deve-se partir de uma constatação: nem todos os que praticam condutas antissociais, ou mesmo condutas selecionadas pelo legislador como criminosas, serão investigados, processados e condenados por seus atos. Muitos praticam crimes e sequer têm consciência disso. Outros praticam crimes e tomam várias cautelas para jamais serem descobertos. A seletividade é a marca do Sistema de Justiça Criminal, de qualquer Sistema de Justiça.

De igual sorte, mesmo quem nunca praticou um crime pode ser processado, julgado e condenado. Afirmar que os atores jurídicos buscam a "verdade", valor que no Sistema de Justiça Criminal ainda é entendido como correspondência ou adequação "entre o que é e o que não é dito", não garante a "justiça" da decisão: todos os dias, inocentes são presos e condenados, bem como culpados de crimes graves passam distantes do Sistema de Justiça Criminal. A "verdade" está no todo, e esse "todo" é inalcançável pelos atores que atuam no Sistema de Justiça Criminal, como diria o jurista italiano Francesco Carnelutti, fortemente influenciado pela leitura de Heidegger.

O SISTEMA DE JUSTIÇA CRIMINAL E SUA TRADIÇÃO AUTORITÁRIA

Na pós-democracia, os riscos de condenações injustas são ainda maiores, na medida em que o próprio valor "verdade" é abandonado e substituído pela chamada "pós-verdade", uma narrativa que atende à razão neoliberal, entendida como nova razão do Estado, aos interesses do mercado ou do espetáculo, e não guarda relação necessária com os acontecimentos no mundo-da-vida. Correlato à distorção mercadológica da "verdade", o valor "liberdade", que na tradição liberal sempre exigiu inações do Estado, passa a ser percebido como uma negatividade, ao mesmo tempo que a repressão adquiriu status de positividade. Não por acaso, absolvições são "vendidas" pelas corporações midiáticas como exemplos de impunidade, ao passo que condenações, mesmo que em desacordo com a facticidade e/ou a legalidade, apresentadas como algo positivo, como medida necessária para o fim da impunidade.

Não se pode esquecer também que, no finado Estado Democrático de Direito, a função das ciências penais (direito penal, processo penal e criminologia) era a de racionalização e contenção do poder. Infelizmente, isso não ocorre mais, muito em razão da influência exercida sobre os cientistas penais e os atores jurídicos (juízes, promotores, defensores etc.) pela mídia e suas propostas/produtos de ampliação do poder penal, apresentadas como remédio para os mais variados problemas sociais, isso sem que exista um estudo sério a comprovar os "efeitos mágicos" atribuídos ao poder penal. A cada

ESTADO PÓS-DEMOCRÁTICO

dia, a fala dos chamados "formadores de opinião", em especial dos jornalistas e âncoras de programas televisivos, passa a importar mais aos atores jurídicos do que os estudos e pesquisas produzidos na academia. Inegável, pois, a importância da mídia e da indústria cultural na instauração do Estado Pós-Democrático, bem como do ódio ao conhecimento, que caracteriza todo movimento autoritário, no aumento das penas e na redução das garantias processuais.

A tradição autoritária, que despreza ou acolhe de forma seletiva o conhecimento produzido pelos cientistas penais, também repercute no exercício das funções típicas dos atores jurídicos que tratam do poder penal. Não raro, a tradição autoritária reforça a confusão entre as funções de investigar, acusar e julgar, o que faz ressurgirem figuras medievais como a do juiz-inquisidor. O juiz, que deveria ser encarregado apenas de julgar imparcialmente (equidistante dos interesses envolvidos na causa), passa a investir contra o réu, de forma parcial, na tentativa de demonstrar o acerto da acusação que ele já assume como verdadeira antes mesmo da produção probatória. A transformação do "fiscal em julgador", ou melhor, a confusão entre a figura do juiz e do acusador, fenômeno estudado tanto por historiadores que pesquisaram as diversas inquisições quanto por Adorno, ao se debruçar sobre a personalidade autoritária, produz simulacros de julgamento. Se a pós-democracia, para alguns, pode

O SISTEMA DE JUSTIÇA CRIMINAL E SUA TRADIÇÃO AUTORITÁRIA

ser definida como um "simulacro de democracia", os julgamentos no Estado Pós-Democrático podem ser qualificados como simulacros de julgamento, na medida em que a construção da solução do caso posto à apreciação do Poder Judiciário se dá em desconsideração dos direitos e garantias fundamentais a partir de uma fundamentação que revela plena aderência aos postulados da pós-verdade.

O juiz-inquisidor da atualidade, muitas vezes com o apoio dos meios de comunicação, que reforçam versões desfavoráveis aos réus e propagam o sentimento de medo na população, confunde as funções de julgar e acusar, afastando-se do dever que lhe é atribuído nas legislações democráticas: o de concretizar direitos e garantias fundamentais de todos, inocentes ou culpados. Na pós-democracia, desaparece a noção do dever do agente estatal de garantir direitos fundamentais.

A consequência da confusão ou da promiscuidade entre as funções de "acusar" e "julgar" é o fenômeno, ainda que muitas vezes inconsciente para o juiz, do "primado da hipótese" descrita na acusação sobre o fato ocorrido no mundo-da-vida (Franco Cordero). Com isso, tem-se a quebra da imparcialidade do julgador. Confirmar a acusação, a partir de uma espécie de certeza delirante, passa a ser a missão do juiz-inquisidor, o que gera um comprometimento desse ator jurídico com a versão da acusação e impede o distan-

ESTADO PÓS-DEMOCRÁTICO

ciamento necessário para um julgamento justo, no qual o respeito aos direitos e garantias fundamentais se faça presente.

Em sistemas de justiça de viés autoritário, como aqueles que existem no marco do Estado Pós-Democrático, em nome do "combate ao crime" ou de outro slogan simpático à população, o órgão encarregado da acusação e o órgão encarregado do julgamento passam a atuar em conjunto, de maneira promíscua, ignorando ilegalidades, afastando direitos e garantias fundamentais, bem como desconsiderando as formas processuais, que deveriam ser empregadas como limites ao arbítrio, sempre na busca por confirmar a hipótese acusatória. Com isso, ilegalidades são praticadas, ou toleradas, em nome do combate à ilegalidade, da mesma maneira que o julgamento do caso penal se torna um simulacro de julgamento em meio a um simulacro de democracia.

Nas democracias, o Sistema de Justiça Criminal, com suas diversas agências e despesas, justificava-se como óbice ao arbítrio e à opressão. Já no Estado Pós-Democrático, o Sistema de Justiça Criminal serve apenas ao projeto neoliberal. O desafio para resistir à pós-democracia passa a ser fazer com que o conhecimento produzido por meio das ciências penais atue sempre como instrumento de democratização desse sistema. Um Sistema de Justiça que aposte no conhecimento é sempre mais democrático do que aquele que prefira recorrer à força.

O SISTEMA DE JUSTIÇA CRIMINAL E SUA TRADIÇÃO AUTORITÁRIA

A consciência da dimensão política do Sistema de Justiça Criminal é uma das principais condições à construção de um modelo com conteúdo democrático e, consequentemente, de uma teoria e de práticas apropriadas à redemocratização do Sistema de Justiça Criminal e da relação entre liberdade (regra) e prisão (exceção). Não se pode esquecer que o Sistema de Justiça Criminal integra a estrutura do Estado e, portanto, é um espaço político, *locus* em que se dá o controle social e outras funções típicas de governo da sociedade. Não há governabilidade neoliberal sem que exista um Sistema de Justiça Criminal voltado para assegurar esse projeto, isso porque nele se exterioriza não só a constituição e o desenvolvimento de um modo de produção material, como também relações estruturais de poder, exclusão, segurança e dominação.

Compreender que o Sistema de Justiça Criminal revela manifestações de poder (e que a ausência de limites ao poder é o núcleo da dimensão política do Estado Pós--Democrático) auxilia na identificação dos elementos e discursos afetados pela tradição autoritária e, assim, permite que a atuação dos diversos atores sociais, em especial os atores jurídicos, volte-se à realização da democracia.

É impossível, portanto, deixar de prestar atenção à dimensão política do Sistema de Justiça Criminal, pois é essa condição "política" que irá explicar e direcionar seu funcionamento real – e, consequentemente, torná-lo

ESTADO PÓS-DEMOCRÁTICO

democrático ou seletivo, isonômico ou classista, racista, sexista etc. São sempre opções políticas que fazem que se respeitem ou que se afastem direitos, que a Constituição seja considerada ou ignorada, que os juízes garantam direitos fundamentais ou atuem como agentes da segurança pública. O Estado Pós-Democrático é o resultado de uma opção política.

9. A ideologia no Estado Pós-Democrático

A percepção da realidade não é neutra. O que cada um de nós identifica como "realidade" é o resultado de uma trama simbólico-imaginária: o indivíduo, ao nascer, é lançado na linguagem (no simbólico), o que sempre antecipa sentidos, e ele passa a produzir imagens-ideias a partir dela. Por isso, muitas vezes a sensação de insegurança não corresponde aos efetivos riscos a que uma pessoa está submetida. Pela mesma razão, muitas vezes, acredita-se viver em um Estado democrático, sem que isso seja verdade.

Há, na percepção da realidade, um conteúdo coletivo, algo "comum", imagens construídas socialmente e aceitas por um coletivo. Mas não só. Existe também a contribuição de dados individuais, de imagens-ideias criadas em razão da experiência de cada um e dos

ESTADO PÓS-DEMOCRÁTICO

desejos que são, por definição, infungíveis. Tanto o aspecto "coletivo" quanto o "individual" da formação da percepção da realidade sofrem diversos condicionamentos, alguns inconscientes. Para entender como a realidade do Estado Pós-Democrático é construída ou, mais precisamente, como se dá a percepção da realidade pelos atores políticos que atuam (e o constroem) no Estado Pós-Democrático e no Sistema de Justiça Criminal que o sustenta, é importante estudar esses fatores condicionantes, entre os quais destaca-se a ideologia. A ideologia, por um lado, condiciona a percepção dos fenômenos e, por outro, produz uma espécie de "cegueira branca", similar àquela descrita pelo escritor português José Saramago em sua obra *Ensaio sobre a cegueira.*

É essa cegueira ideológica que faz com que a população brasileira reproduza o discurso, apresentado pelos meios de comunicação de massa (em especial a televisão, esse importante aparelho de produção de subjetividade), que aponta a impunidade como um dos principais problemas brasileiros, ao mesmo tempo que o Brasil figura entre os quatro países que mais encarceram no planeta. Foi essa "cegueira branca" que permitiu a emergência do Estado Pós--Democrático.

Poucos termos são tão polissêmicos e objeto de tanta controvérsia, ambivalência e arbitrariedade quanto "ideologia". Diferentes sentidos são atribuí-

A IDEOLOGIA NO ESTADO PÓS-DEMOCRÁTICO

dos por autores de correntes de pensamento distintas e até no seio de uma linha de pensamento, ou na produção teórica de um mesmo autor. Terry Eagleton, por exemplo, elenca seis diferentes significados para "ideologia". Karl Mannheim, por sua vez, em sua principal obra, utiliza a palavra ideologia em mais de um sentido, ora como estrutura categorizada ligada a determinada posição social, ora como sistemas de representação que buscam a estabilização e a reprodução da ordem vigente (em oposição ao conceito de utopia). Contudo, trata-se de conceito fundamental para os problemas que se colocam a partir da relação entre conflito social e conhecimento, ou entre objetividade científica e ponto de vista de classe. O conceito de ideologia está no centro do debate epistemológico e metodológico, ainda que a racionalidade neoliberal aposte nos discursos do fim das ideologias e do esquecimento da história.

Em breve resumo da história do conceito, vale lembrar que a palavra parece ter sido inventada por Antoine-Louis-Claude Destutt, o conde de Tracy, dentro de uma perspectiva metodológica positivista, no intuito de significar uma nova "ciência das ideias", e, em seguida, utilizada contra ele por Napoleão, que, de forma irônica, em polêmica com os neoenciclopedistas, chamou Tracy e seus colegas de "ideólogos" com o objetivo de desqualificá-los, tachando-os de pessoas alheias à realidade.

ESTADO PÓS-DEMOCRÁTICO

A palavra ideologia, porém, voltou a adquirir relevância ao ser resgatada por Marx e Engels. Entender o uso do termo por Marx, para além de uma leitura sincrônica dos seus textos, exige relacionar esse conceito com as várias fases do desenvolvimento intelectual desse autor. Marx e Engels, de forma original, passaram a relacionar as distorções causadas pela religião e pela filosofia com condições sociais específicas, com a existência material dos homens. Eles deslocaram a análise da questão para o campo histórico-social. A crítica à religião, o desvelamento tanto das formas econômicas que geravam mistificações quanto dos princípios liberais e capitalistas (burgueses), que se afirmavam libertários e igualitários, forneceram a base para a construção do conceito marxista de ideologia.

Em linhas gerais, costuma-se afirmar que a tradição marxista apresenta duas concepções radicalmente diversas da palavra "ideologia": como imaginário social e como relação de poder, uma de caráter marcantemente pejorativo/negativo (que se aproxima da forma utilizada por Napoleão) e outra de viés positivo, ligada à posição de classe. Em um primeiro momento, portanto, a palavra ideologia assumiu a conotação, para Marx, de ilusão, distorção da consciência que, segundo sua hipótese, se originava das formações e contradições sociais. A

A IDEOLOGIA NO ESTADO PÓS-DEMOCRÁTICO

segunda concepção de Marx para essa palavra, que se encontra tanto no *Manifesto comunista* quanto em *Miséria da filosofia*, a identifica como uma força material a ocupar um "lugar definido no sistema das instâncias (superestrutura), e investida em relações de poder, a serviço da classe dominante". Não por acaso, Marx e Engels defendem que a ideologia da classe dominante tende a ser a ideologia assumida por determinada formação social. É possível, ainda, considerar *O capital* o terceiro momento da reflexão de Marx sobre ideologia. Nele, o filósofo desenvolve, para além da já mencionada crítica da ideologia, uma consistente teoria da ideologia, isso a partir da análise do "fetichismo" e de sua relação com os idealismos, em especial o condicionamento produzido pelos interesses sociais.

Percebe-se, pois, que a ideologia, a partir de Marx, passou a ser vista como um conceito que implica ilusões, velamentos, inversões da realidade ou, ainda, como uma falsa consciência a serviço da classe dominante que se insere, portanto, também no campo das relações de poder. Marx e Engels também se referem às formas ideológicas (religião, filosofia, direito etc.), à superestrutura ideológica e às esferas ideológicas, sempre como formas de consciência ou como formas que produzem ideias dominantes e, em consequência, dominados e dominadores.

ESTADO PÓS-DEMOCRÁTICO

Deve-se a Lenin a principal modificação/ampliação do conceito de "ideologia". E isso ocorreu porque, a partir das lutas políticas das últimas décadas do século XIX, sobretudo na Europa Oriental, surgiu a necessidade de uma teoria da prática política, por meio da qual se associou o conceito de ideologia ao de luta de classes e também à questão da organização partidária. Para Lenin, em uma teoria da prática política, a palavra ideologia serve para designar as concepções da realidade social e política que se vinculam a determinadas classes sociais. Logo, ao lado da ideologia burguesa, existiria também a ideologia do proletariado, a ideologia dos "de cima" não excluiria a dos "de baixo".

Ainda no campo marxista, merecem destaque as contribuições do filósofo e político italiano Antonio Gramsci, que, a partir da leitura de Marx, também vislumbra a possibilidade de as formas ideológicas servirem à luta de classes, razão pela qual procurou construir um conceito e uma teoria da ideologia em termos positivos. Para Gramsci, a ideologia é uma realidade objetiva e operante, criada pela realidade social (na sua estrutura produtiva): ao mesmo tempo, concepção de mundo e lugar de constituição da subjetividade coletiva. As ideologias chamadas por Gramsci de "orgânicas", em oposição às "arbitrárias", seriam as concepções de mundo manifestas implici-

A IDEOLOGIA NO ESTADO PÓS-DEMOCRÁTICO

tamente na arte, na religião, no direito, no folclore e no senso comum.

É a ideologia que constitui o terreno em que se constrói o conhecimento e é em torno dela que se dá a "guerra de posições" e a "luta pela hegemonia", isso porque cada camada social tem sua consciência e sua cultura (ou seja, tem sua ideologia), o que, por si só, revela a importância dos aparelhos ideológicos (instituições de ensino, meios de comunicação, órgãos de controle da magistratura etc.) na manutenção ou transformação da realidade social.

O pensador húngaro István Mészáros percebeu que em nossa cultura liberal-conservadora o sistema ideológico dominante funciona de maneira oculta mas efetiva, uma vez que apresenta, ou desvirtua, suas próprias regras seletivas, seus preconceitos, discriminações e até distorções sistemáticas ou teóricas, com a utilização de chavões como "normalidade", "segurança pública", "objetividade", "corrupção" e "imparcialidade científica". Por isso, a emergência do Estado Pós-Democrático não foi percebida. Pela mesma razão, práticas e teorias distanciadas das constituições democráticas ainda subsistem, posto que compatíveis com a ideologia dominante, com o conjunto de caracteres coerentes com a tradição, a linguagem, o ambiente compreensivo, em que se dá a atuação das diversas agências estatais.

ESTADO PÓS-DEMOCRÁTICO

A ideologia, além de condicionar as hipóteses em que o poder estatal (em termos marxistas, "a violência organizada") será empregado, também exerce a função de legitimar o exercício desse poder e a ausência de limites a esse poder. Não sem certa razão, muitos afirmam que o "direito" historicamente representa a ideologia da conservação do status quo e da manutenção do exercício socialmente aceito do poder.

A ideologia está presente em cada ato do executivo, em cada lei produzida pelo legislativo e em cada decisão jurisdicional. Porém, uma das características da ideologia é nunca ser percebida como tal. A ideologia percebida, criticada e, não raro, demonizada é sempre a do outro, aquela que retrata a visão de mundo com a qual o ator social não se identifica. É essa ignorância sobre a função encobridora da ideologia que permite compreender a manifestação (diga-se: flagrantemente ideológica) de juízes que afirmam a necessidade de um Poder Judiciário "neutro" e meramente "técnico", sempre que a "neutralidade" e a "técnica" estão a serviço da racionalidade neoliberal.

Também é ideológica tanto a visão que naturaliza o afastamento de direitos e garantias fundamentais em nome do "combate à criminalidade" ou da "guerra à corrupção" quanto a já mencionada distorção autoritária do "primado da hipótese sobre o fato", em que o juiz-inquisidor, convencido de uma versão, passa a produzir e selecionar provas, de modo a construir uma

A IDEOLOGIA NO ESTADO PÓS-DEMOCRÁTICO

"verdade" (que ele já "conhece") em detrimento dos fatos. Da mesma maneira, é ideológica a afirmação da "normalidade democrática" em quadras históricas nas quais as regras do jogo democrático não são respeitadas, como aconteceu com a derrubada dos governos de Fernando Lugo, no Paraguai, e Dilma Rousseff, no Brasil.

10. Poder Judiciário: de "garantidor" dos direitos a realizador das expectativas do mercado e dos espectadores

No imaginário democrático, o Poder Judiciário ocupa posição de destaque. Diante dos conflitos intersubjetivos, de uma cultura narcísica e individualista que cria obstáculos ao diálogo, de sujeitos que se demitem de sua posição de sujeito (que se submetem sem resistência ao sistema que o comanda e não se autorizam a pensar e solucionar seus próprios problemas), da inércia do Executivo em assegurar o respeito aos direitos (individuais, coletivos e difusos), o Poder Judiciário apresenta-se como o ente estatal capaz de atender às promessas descumpridas tanto pelos demais agentes estatais quanto por particulares, ou seja, como o ator político destinado a exercer a

ESTADO PÓS-DEMOCRÁTICO

função de "guardião da democracia e dos direitos", para se utilizar a expressão de Antoine Garapon.

A esperança depositada, porém, cede rapidamente diante do indisfarçável fracasso do Sistema de Justiça, em especial do Sistema de Justiça Criminal, em satisfazer os interesses dos que recorrem a ele. O Sistema de Justiça falha porque não tem condições de fornecer o que se espera dele. A resposta penal, consubstanciada na execução de uma pena privativa de liberdade, por exemplo, é sempre tardia e se dá necessariamente após a violação de um direito. Ao morto, para utilizar o caso mais gritante, nada importa a prisão do assassino; da mesma forma, a serem consideradas as pesquisas que apontam o fracasso da prisão e a ineficiência da pena como instrumento para evitar novos delitos, pode-se afirmar que a sociedade não ficará mais tranquila ou segura com essa prisão ou com qualquer outra.

Todas as distorções verificadas no Sistema de Justiça, desde a tentação populista à lógica patrimonialista e patriarcal, são potencializadas na pós-democracia, mais precisamente no momento em que a razão neoliberal se tornou a nova razão do Estado-Juiz. O incentivo à produtividade sem compromisso com o valor "justiça", a produção de decisões padronizadas sem relação com a facticidade, a introdução de soluções de consenso (transações penais, primazia do negociado sobre o legislado nos conflitos trabalhistas, delações premiadas etc.) distanciadas do valor "verdade" e a espetaculari-

PODER JUDICIÁRIO

zação dos julgamentos são alguns sintomas da razão neoliberal no Poder Judiciário. Torna-se cada dia mais gritante a separação entre as expectativas geradas e os efeitos da atuação do Poder Judiciário. Não raro, para dar respostas (ainda que meramente formais) às crescentes demandas, o Poder Judiciário recorre a uma concepção política pragmática que faz com que ora se utilize de expedientes técnicos para descontextualizar conflitos e sonegar direitos, ora recorra ao patrimônio gestado nos períodos autoritários da história do Brasil para manutenção da ordem.

Não obstante, à medida que a atuação do Poder Judiciário cresce (ainda que essa atuação não atenda às expectativas geradas), diminui a ação política tradicional, naquilo que se convencionou chamar de "ativismo judicial". Esse quadro indica um aumento da influência dos juízes e tribunais nos rumos da vida brasileira, fenômeno correlato à crise de legitimidade de todas as agências estatais.

Hoje, percebe-se claramente que o Sistema de Justiça se tornou um *locus* privilegiado da luta política. Uma luta em que o Estado Democrático de Direito foi sacrificado. Não há como pensar o fracasso do projeto democrático de Estado sem atentar para o papel do Poder Judiciário na emergência do Estado Pós-Democrático. Chamado a reafirmar a existência de limites ao exercício do poder, o Judiciário se omitiu, quando não explicitamente autorizou abusos e arbitrariedades – pense, por

ESTADO PÓS-DEMOCRÁTICO

exemplo, no número de prisões ilegais e desnecessárias submetidas ao crivo e autorizadas por juízes de norte a sul do país.

Por evidente, não se pode pensar a atuação do Poder Judiciário dissociada da tradição em que os magistrados estão inseridos. Adere-se, portanto, à hipótese de que há uma relação histórica, teórica e ideológica entre o processo de formação da sociedade (e do próprio Poder Judiciário) e as práticas observadas nas Agências Judiciais. No caso brasileiro, pode-se apontar que, em razão de uma tradição autoritária, marcada pelo colonialismo e pela escravidão, na qual o saber jurídico e os cargos no Poder Judiciário eram usados para que os rebentos da classe dominante (aristocracia) pudessem se impor perante a sociedade, sem que existisse qualquer forma de controle democrático ou popular dessa casta, gerou-se um Poder Judiciário marcado por uma ideologia patriarcal e patrimonialista, constituída de um conjunto de valores que se caracteriza por definir lugares sociais e de poder, nos quais a exclusão do outro e a confusão entre o público e o privado somam-se ao gosto pela ordem e o apego ao conservadorismo.

De igual sorte, não se pode desconsiderar que o Poder Judiciário se tornou o que o jurista argentino Raúl Zaffaroni chamou de uma máquina de burocratizar, tão ao gosto da racionalidade neoliberal. Esse processo, que se inicia na seleção e no treinamento dos magistrados, pode ser explicado, em parte, porque

PODER JUDICIÁRIO

assim os juízes dispensam a tarefa de pensar. Há em cada um desses juízes acríticos, que se tornam verdadeiros a-sujeitos, um pouco de Eichmann, isso porque a ausência de reflexão leva à naturalização do mal, muitas vezes escondido em procedimentos e "técnicas" aparentemente inofensivos.

Ao mesmo tempo, por não contrariarem o sistema (ainda que arcaico), juízes evitam a colisão com a opinião daqueles que podem definir sua ascensão e promoção na carreira, aumentando assim a tendência conservadora do Poder Judiciário. Em um país como o Brasil, democracia e conservadorismo revelam-se incompatíveis. Em linguagem vulgar, pode-se afirmar que a agência judicial é um local propício à bajulação, em que um "puxa-saco" tem grandes chances de ascensão. Mas, infelizmente, não é só isso. Ao se observar parcela considerável do Poder Judiciário, percebe-se que as relações intersubjetivas no seio da Agência Judicial são marcadas por uma espécie de sadomasoquismo, no qual o membro do Poder Judiciário é sádico com quem ele rotula de "inferior" (réus, funcionários, juízes mais novos etc.) e subserviente com aqueles que identifica como hierarquicamente superiores (embora, tecnicamente, não se trate de hierarquia).

Há, ainda, uma espécie de naturalização da burocracia e a internalização daquilo que se espera do juiz (normalmente, um conservadorismo acrítico, até estético). Com isso, esse ator jurídico passa a acreditar no

129

ESTADO PÓS-DEMOCRÁTICO

papel de um ser diferenciado, uma autoridade para ser respeitada e acatada, um herói capaz de julgar despido de ideologias.

Para além dessa tendência à conservação da tradição que acompanha o Poder Judiciário desde sua origem, há também o caráter ideológico do direito neoliberal a serviço do velamento da facticidade, em especial das contradições e negatividades existentes na sociedade. Conforme a crítica marxista ajuda a compreender, os textos legais, com suas abstrações generalizantes, são capazes de produzir uma alienação mundana que favorece não só a manutenção do *status quo* como também os interesses do mercado e do capitalismo financeiro.

A burocratização, marcada por decisões conservadoras em um contexto de desigualdade e insatisfação, e o distanciamento da população fazem com que o Poder Judiciário seja visto como uma agência seletiva a serviço daqueles capazes de deter poder e riqueza. Se, por um lado, pessoas dotadas de sensibilidade democrática são incapazes de identificar no Poder Judiciário um instrumento de construção da democracia, por outro, pessoas que acreditam em posturas fascistas (na crença da força em detrimento do conhecimento, na negação da diferença etc.) aplaudem juízes que atuam a partir de uma epistemologia autoritária. Não causa surpresa, portanto, que considerável parcela dos meios de comunicação de massa (a mesma que propaga discursos de

PODER JUDICIÁRIO

ódio e ressentimento) procure construir a representação do "bom juiz" a partir dos seus preconceitos e de sua visão descomprometida com a democracia.

Não se pode esquecer que os meios de comunicação de massa conseguem fixar sentidos e produzir ideologias, o que interfere na formação da opinião pública e na construção do imaginário social. Assim, o "bom juiz", construído/vendido por essas empresas de comunicação e percebido por parcela da população como herói, passa a ser aquele que considera os direitos fundamentais empecilhos à eficiência do Estado, ou do mercado. Para muitos, alguns por ignorância das regras do jogo democrático, outros por compromisso com posturas autoritárias, o "bom juiz" é justamente aquele que, ao afastar direitos fundamentais, nega a concepção material de democracia – democracia não só como participação popular na tomada de decisões, mas também como concretização dos direitos e das garantias fundamentais. Esse "bom juiz" é peça-chave à manutenção do Estado Pós-Democrático.

Note-se que o distanciamento em relação à população gerou em setores do Poder Judiciário, mesmo entre aqueles que acreditam na democracia, uma reação que se caracteriza pela tentativa de produzir decisões judiciais que atendam à opinião pública (ou, ao menos, aos anseios externados pelos meios de comunicação de massa). Tem-se o populista judicial, isto é, o desejo de agradar ao maior número de pessoas possível através

ESTADO PÓS-DEMOCRÁTICO

de decisões judiciais como forma de democratizar a justiça aos olhos da população, mesmo que para tanto seja necessário afastar direitos e garantias previstos no ordenamento. Assim, não raro, juízes de todo o Brasil passaram a priorizar a hipótese que interessa à mídia ou ao espetáculo em detrimento dos fatos que podem ser reconstruídos por meio do processo. No Brasil, a Ação Penal (AP) 470, conhecida como o caso Mensalão, e o caso Lava Jato (na realidade, um complexo de casos penais) são exemplos paradigmáticos.

Na democracia, os direitos fundamentais de todos (culpados ou inocentes, desejáveis ou não) deveriam ser respeitados, mesmo contra a vontade de maiorias de ocasião. No Estado Pós-Democrático, o Poder Judiciário está livre desse dever. O dever desaparece, o verbo modal passa a ser "poder". A atuação dos magistrados passa a ser a do empresário pautado pelo desejo das maiorias e com isso ficam inviabilizados o espaço e os direitos daqueles que não atendem à lógica neoliberal.

No modelo do Estado Democrático de Direito, cabe ao Poder Judiciário atuar como garantidor contra a opressão, até contra abusos promovidos pela maioria, razão pela qual exerce função contramajoritária. Mais do que isso: para assegurar o direito de um, o Poder Judiciário pode (e deve) julgar em sentido contrário ao desejo de todos os demais, isso porque, como já foi dito, os direitos fundamentais funcionam como trunfos contra as maiorias de ocasião e cabe aos juízes assegu-

PODER JUDICIÁRIO

rarem não só esses direitos como também a própria democracia em sentido substancial/constitucional. Na pós-democracia, o poder do Judiciário direciona-se a coisa diversa. No Estado Pós-Democrático, o que importa é assegurar os interesses do mercado e da livre circulação do capital e das mercadorias, com o controle ou mesmo a exclusão dos indivíduos disfuncionais, despidos de valor de uso ou inimigos políticos.

Em suma, a tradição em que os atores jurídicos estão inseridos, as práticas autoritárias e conservadoras, e a burocratização são fatores que fizeram o Poder Judiciário contribuir para a instauração do Estado Pós-Democrático. Percebido como uma agência estatal seletiva, voltada somente aos interesses da elite, incapaz de concretizar os direitos da maior parte da população, o Judiciário passa por séria crise de legitimidade, mas que, na realidade, não passa de uma crise da governabilidade neoliberal.

Diante desse quadro, para evitar frustrações, é importante reconhecer que o Poder Judiciário é incapaz de substituir a luta política. Os membros desse poder, na condição de agentes políticos, devem aderir e incentivar essa luta. Para tanto, precisam se interpretar, compreender o contexto em que atuam, seus preconceitos e suas limitações, como forma de romper com a tradição em que estão inseridos e reconquistar a legitimidade perdida e, quiçá, construir uma legitimidade que nunca existiu.

ESTADO PÓS-DEMOCRÁTICO

Impõe-se, pois, trabalhar pelo resgate da política como meio de satisfação das potencialidades humanas e do projeto constitucional de democratização da sociedade. Para tanto, cabe ao Poder Judiciário reassumir sua função no jogo democrático, isto é, a função de assegurar o respeito aos direitos fundamentais e acomodar os conflitos, bem como zelar pela divisão das responsabilidades nesse processo, sempre inacabado, de construção da democracia.

11. O Ministério Público: da esperança democrática a agente pós-democrático

O Ministério Público, que no modelo brasileiro não integra o Poder Judiciário, é instituição permanente e essencial à função jurisdicional do Estado, cabendo--lhe a atribuição de defender a ordem pública, o regime democrático e os interesses sociais e individuais indisponíveis, conforme explicitado na Constituição da República. Enquanto a sociedade civil permanecer desorganizada e, portanto, vulnerável, o Ministério Público se justifica como representante, verdadeiro garantidor, de seus interesses. Nesse contexto, o Ministério Público, concebido como uma instituição destinada a defender a legalidade democrática e o princípio da igualdade dos cidadãos perante a lei, deveria ter servido de obstáculo à pós-democracia. Isso, no entanto, não ocorreu.

ESTADO PÓS-DEMOCRÁTICO

Ao abrir mão da legalidade democrática, em nome da potencialização da repressão, o Ministério Público transformou-se em um agente da pós-democracia. No Estado Pós-Democrático, a função do Ministério Público passou a ser a de potencializar a repressão, independentemente das regras do jogo democrático. O Ministério Público é uma das principais instâncias formais de controle do crime e das populações indesejadas segundo a lógica neoliberal, que separa/ seleciona os possíveis consumidores daqueles que não possuem poder de consumo e podem ser excluídos ou eliminados – o *homo sacer*, figura resgatada do direito romano arcaico por Agamben para designar aqueles que vivem no limbo jurídico, populações que o projeto capitalista rotulou como descartáveis. Não se pode esquecer também da importância do Ministério Público como instância, ainda que involuntária, de seleção dos fatos criminosos que irão se submeter à persecução penal em juízo. Como perceberam os juristas portugueses Figueiredo Dias e Costa Andrade, isso decorre do fato de ser ele o *"gate-keeper* do sistema jurisdicional de resposta ao crime" e, em consequência, o principal responsável pela "mortalidade" dos casos criminais. De fato, o Ministério Público (como a polícia) exerce o poder de seleção das condutas que poderão ser punidas pelo Estado.

A análise comparativa da estrutura e do funcionamento do Ministério Público nos diversos países revela

O MINISTÉRIO PÚBLICO

o caráter idiossincrático da instituição. De fato, o Ministério Público brasileiro pós-1988 apresenta caraterísticas e potencialidades únicas, que o diferenciam tanto do modelo estadunidense do *prosecutor*, eleito pelo povo e com amplas atribuições, entre elas, a *plea negotiation* – que permite, através do *plea bargain*, verdadeira "negociação" com o acusado, uma incursão no terreno do tribunal, com o afastamento de garantias individuais e a escolha de sanções –, quanto do modelo francês (europeu continental), no qual as funções do Ministério Público se circunscrevem, basicamente, à acusação e à sustentação da pretensão em juízo.

O ideal seria que o Ministério Público garantisse, no exercício do poder do Estado, que se respeitem os paradigmas do modelo democrático e republicano. Como um dos principais operadores do Sistema de Justiça Criminal, o Ministério Público deveria estar consciente de que tem em mãos ferramentas que lhe permitem executar uma das formas mais violentas de exercício do poder do Estado, o poder penal. Esse exercício deveria demarcar-se no programa constitucional, mas, infelizmente, na pós-democracia, não é isso que acontece.

Registre-se que a perspectiva histórica permite revelar que o Ministério Público nasceu do processo de revisão crítica do exercício do poder, provocada pelas revoluções liberais, com o objetivo de protagonizar a atividade estatal voltada à aplicação de penas aos que violam as normas penais, mas inserido em um projeto

ESTADO PÓS-DEMOCRÁTICO

de controle do poder, isso em razão da vigência de um conjunto de garantias indispensáveis à dignidade da pessoa humana. Porém, revela-se necessário distinguir o ideal do real. Perceber que o processo de construção do Ministério Público desejado não se encerrou. Ainda são percebidas distorções. Tem-se, por exemplo, que o Ministério Público, apesar de ser uma instituição recente, em sua gênese comprometida com a superação de distorções verificadas no exercício da função jurisdicional, infelizmente, acaba por reproduzir essas mesmas distorções, que eram (e ainda hoje são) observadas no Poder Judiciário. Sem dúvida, surpreende que sintomas que remontam à origem aristocrática do Poder Judiciário acabem reproduzidos no seio do Ministério Público, que nasceu voltado à democracia liberal. Tanto a ideologia patrimonialista (a confusão entre o público e o privado) permeia a instituição quanto a ideologia da defesa social ("em defesa da sociedade – o bem – contra o inimigo – o mal") típica de Estados autoritários, com seus mitos, condicionam a atuação de seus órgãos na seara penal.

Constata-se, também, que nem todos os órgãos de atuação do Ministério Público, da mesma maneira que os membros da magistratura, escapam da tentação populista de atender aos anseios midiáticos, de atuar voltado à satisfação da opinião pública (ou, quiçá, da opinião publicada pelos *Mass Media* a partir de interesses econômicos facilmente identificáveis).

O MINISTÉRIO PÚBLICO

Ademais, os órgãos do Ministério Público, forjados em uma cultura jurídica estritamente legalista e autoritária, segundo os paradigmas (epistemológico e ideológico) do positivismo-normativista e da defesa social, atuam em permanente tensão com funções institucionais de viés jurídico-político, o que gera um choque entre a cultura meramente tecnicista de um lado e, de outro, os novos instrumentais jurídicos de forte conteúdo político e social; entre as perversões inquisitoriais e os instrumentais forjados em períodos autoritários, de um lado, e o respeito aos direitos e às garantias fundamentais encartados na Constituição da República, de outro. O Ministério Público é o protagonista da persecução penal em juízo. Cabe a ele o exercício da ação penal diante da maioria dos crimes previstos no ordenamento brasileiro. Com o Ministério Público a cargo da persecução, busca-se assegurar a imparcialidade do órgão julgador. A separação entre o juiz e a acusação, a divisão de funções entre o Estado-juiz, que deve ser imparcial (e, portanto, afastado de toda atividade persecutória), e o Estado-acusador, órgão que, apesar de parcial, deve atuar de forma impessoal e comprometida com a legalidade estrita, é o mais importante elemento constitutivo do chamado sistema processual acusatório, em que as funções de acusar, defender e julgar cabem a órgãos distintos e independentes. Mas, como já se viu, na pós-democracia há uma verdadeira confusão e/ou promiscuidade entre o acusador/fiscal e o juiz, o que

ESTADO PÓS-DEMOCRÁTICO

faz com que, em um grande número de casos, atuem em conjunto contra o réu, na tentativa de confirmar a hipótese acusatória. A atuação do Ministério Público deveria ser pautada pela razão, afastada, portanto, a ideia de vingança privada. Da mesma forma, a impessoalidade no atuar daria ares democráticos à persecução penal. Na pós-democracia, isso não ocorre. A ausência de preocupação com os limites ao poder penal é um sintoma da mutação do Ministério Público, que levou ao afastamento de sua gênese democrática.

12. Liberdade: um valor esquecido na pós-democracia

Mas o que é a liberdade? Trata-se de palavra polissêmica. De modo geral, os escritos políticos raramente oferecem definições satisfatórias, em termos descritivos, do significante "liberdade". Diferentes modelos éticos levaram a conceitos diversos de liberdade. Em uma concepção atrelada a certa tradição própria do modo de produção capitalista, a liberdade possui um valor em si (liberdade como um "bem" a ser usado, gozado e fruído), ao passo que, em uma visão marxista, costuma ser apresentada como um meio (entre outros disponíveis) à realização das potencialidades do homem. A "liberdade" pode se referir a ações, o que supõe a existência de livre-arbítrio ou a características de pessoas. A liberdade pode ser tomada como sinônimo de autorrealização, ou seja, da constante criação de condições objetivas que permitam despontar as aptidões, as faculdades e os sentidos dos homens. A liberdade também costuma ser descrita como a possibilidade de fazer o que se deseja, de agir com autonomia. Há, ainda, quem aponte a liberdade como um estado inerente ao ser, verdadeira condição ontológica, enquanto outros, de viés mais liberal, a explicam como um "deixar-ser", uma permissão à realização de todas as potencialidades do ser sem que se exija a submissão a controles.

Na filosofia iluminista, a liberdade ocupa posição central. Se o valor "segurança" era evocado em nome de um sistema de governo fechado em favor da nobreza (o que significava a insegurança da maioria do povo) e as estruturas feudais impediam o desenvolvimento econômico da Europa antes da ascensão da burguesia à classe dominante, com a vitória do ideário iluminista a "liberdade" passa a ser o valor a legitimar o Estado moderno. Não por acaso, antes da Revolução Francesa, Jean-Jacques Rousseau já anunciava que o homem nascia livre, mas estava em cadeias por toda parte.

Montesquieu, por sua vez, distinguia entre uma liberdade que é própria de cada homem – porque é homem e pelo simples fato de ser homem –, e uma liberdade que precisa ser concedida a cada homem, em sua relação com a sociedade (com os outros homens). Essa relação que se constrói com outros homens, aliás, é a base para a afirmação de limites à liberdade: a liberdade termina

LIBERDADE

no exato ponto em que começa a liberdade do outro. A liberdade, portanto, nasce e existe a partir do outro, do respeito à dignidade dos outros.

Na filosofia kantiana, em que o homem é posto como o centro de todos os sistemas e construções teóricas, a liberdade passa a ser representada como o fundamento da existência humana. Se o homem é um fim em si mesmo e nunca pode ser instrumentalizado, a liberdade é um valor/direito único, que compete a todo homem pelo simples fato de sua humanidade. Ao lado da igualdade e da fraternidade, a liberdade é uma das principais promessas da modernidade. Porém, no Estado Liberal, a liberdade encontra-se limitada pela capacidade econômica de cada pessoa. A pessoa é livre para fazer aquilo (e somente aquilo) pelo qual pode pagar. A liberdade apresenta-se nesse quadro como uma abstração, nada mais do que uma abstração, tão ao gosto do Direito Liberal burguês.

Thomas Hobbes atribuía ao uso descontrolado da liberdade um quadro no qual a violência e o "direito do mais forte" passariam a determinar a vida em sociedade. A partir de Hobbes surge a concepção de liberdade atrelada ao contrato social. Essa teoria contratualista (encampada por outros filósofos como Rousseau e John Locke), ficção típica do iluminismo, consistia em um mito, uma construção mental que procurava explicar e regular a liberdade ao mesmo tempo que se buscava superar o "Estado de natureza", no qual o homem era

ESTADO PÓS-DEMOCRÁTICO

retratado como o "lobo do homem" (Hobbes). *Grosso modo*, pode-se afirmar que no contrato social ocorre uma renúncia aos meios de violência disponíveis para o indivíduo e sua transferência para um terceiro (impessoal), o Estado. Este passa a deter o monopólio do uso legítimo da violência, reservando aos indivíduos o uso da força somente em situações excepcionais e justificantes, tais como nas hipóteses de legítima defesa. Sobre o tema "liberdade", não se pode omitir a querela entre a "liberdade dos antigos", concebida como participação ativa no poder (liberdade-participação), e a "liberdade dos modernos", típica do Estado de direito liberal, entendida como a "liberdade-defesa perante o poder".

Na pós-democracia, a liberdade passou a ser encarada como uma negatividade. Então, vivenciam-se: a) de um lado, um contexto de ausência de limites, uma cultura que promove a perversão a partir da crença, propiciada pelos avanços tecnológicos e científicos, de que é possível se alcançar aquilo que sempre se apresentou como impossível. Nesse quadro, que se revela insustentável, uma vez que não é possível satisfazer todas as vontades de todos, há uma tendência ao que o psicanalista francês Charles Melman chamou de "retorno do cajado, um retorno da autoridade, na maioria das vezes sob uma forma despótica". Como percebeu o aluno de Lacan, há uma espécie de aspiração coletiva ao estabelecimento de uma mão forte, uma autoridade

LIBERDADE

que tomaria para si as decisões e, com isso, aliviaria da angústia o indivíduo com medo da liberdade, uma autoridade que serviria para dizer o que se deve e o que não se deve fazer, o que é bom e o que é ruim. O autoritarismo funciona, então, como "mecanismo de fuga da liberdade", para se utilizar a expressão cunhada por Erich Fromm, uma tendência a renunciar à independência do ser; b) de outro lado, uma quadra histórica propícia ao surgimento do sujeito totalitário, que produz ações avessas a qualquer forma de resistência (a lei deixa de ser vista como um limite às ações públicas e privadas; os direitos fundamentais passam a ser apontados como empecilhos à eficiência do Estado e à reprodução do capital), aliviado do mal-estar gerado pela incerteza (inerente ao fato de pensar), e que vai se tornar o ator jurídico perfeito para práticas autoritárias.

No contexto pós-democrático, dá-se tanto o esgarçamento dos laços sociais quanto a perda da condição de sujeito. Aliás, pode-se falar que há em diversos atores sociais um pouco de Eichmann: são a-sujeitos, uma vez que se omitem de julgar/pensar, condicionados a reproduzir "cientificamente" suas crenças sem disso ter consciência. Na pós-democracia, a liberdade valorizada é apenas a necessária ao mercado. Por outro lado, a liberdade adequada ao projeto constitucional, entendida como "liberdade de deslocação física", o direito de ir para qualquer lugar e, do ponto de vista negativo, o direito de evitar qualquer lugar, tornou-se descartável. A liberdade também passou a ser regida pela lógica das mercadorias. A liberdade de locomoção se originou do liberalismo do final do século XVIII. Porém, só se pode falar de verdadeira liberdade de locomoção, de "deslocação física", de permanecer ou se deslocar para qualquer lugar, se existirem garantias jurídico-políticas capazes de evitar que um indivíduo não seja privado de sua liberdade injustamente, isto é, fora das hipóteses previstas restritivamente na legislação de cada país. No Estado Pós-Democrático, essas garantias desapareceram ou, para utilizar a expressão de Zygmunt Bauman, tornaram-se "líquidas", inconstantes e modificáveis.

A lei é uma das fontes de ingerência na liberdade das pessoas. Aliás, o princípio da legalidade pauta a ameaça estatal à liberdade. O indivíduo é livre para fazer tudo aquilo que a lei não veda. Com o Estado e seus agentes é, ou deveria ser, diferente. O Estado só pode(ria) agir (e limitar a liberdade de pessoas) nas hipóteses em que a lei autorize. Há uma rede legal de proteção da liberdade, que parte da Constituição da República de cada país e engloba tratados e convenções internacionais, bem como a legislação infraconstitucional, que prevê remédios à ameaça ou violação da liberdade individual, estabelece exigências formais e procedimentais bem definidas às ingerências na liberdade das pessoas, assim como as formas, os pressupostos e os limites em que se admite a privação da liberdade. Piero Calamandrei já

LIBERDADE

defendia que a liberdade e a democracia são impossíveis sem o respeito à legalidade. Portanto, a mutação simbólica que fez com que a *lei* tenha perdido importância na regência do Estado levou à perda de uma importante garantia do direito à liberdade de locomoção. Vale registrar que o respeito à liberdade é um sintoma de uma concepção democrática de Estado. Nas democracias, o direito à liberdade é reconhecido para permitir que as pessoas escolham livremente o que fazer e atuem de acordo com essa vontade, tudo isso sem que seu comportamento lícito sofra obstáculos ou interferências de terceiros, em especial do Poder Público: tem-se, então, o reconhecimento de um âmbito de autodeterminação e auto-organização. Como a "autodeterminação" e a "auto-organização" podem representar obstáculos aos fins do mercado e, portanto, não interessam ao projeto neoliberal, esses âmbitos não passam de ilusões na pós-democracia. As pessoas acreditam que estão livres, que gozam de plena liberdade, porém formas sutis e efetivas de coação se fazem presentes.

13. A relativização da presunção de inocência: um sintoma da pós-democracia

Basta pensar na quantidade de presos provisórios (pessoas encarceradas antes de serem condenadas), na naturalização do uso abusivo/desnecessário de algemas (muitas vezes com o único objetivo de aviltar os investigados e acusados), na prisão como forma de coagir eventuais testemunhas ou obter confissões de indiciados e na tendência à "inversão do ônus probatório em matéria penal", observada em alguns tribunais (no Brasil, essa inversão chegou ao Supremo Tribunal Federal por ocasião do julgamento da AP 470, caso penal conhecido midiaticamente como Mensalão), para se perceber que a incidência do *princípio da presunção de inocência* tornou-se problemática no Brasil. Aliás,

ESTADO PÓS-DEMOCRÁTICO

a desconsideração desse princípio constitucional, que encontra seu ponto mais grave na decisão do Supremo Tribunal Federal que relativizou a presunção de inocência, é um dos sintomas mais explícitos da chegada da pós--democracia no Brasil. Princípio constitucional que determina um não agir e retrata uma opção política pelo valor "liberdade" (preferível a liberdade de um culpado à prisão de um inocente), a presunção da inocência passou a ser encarada como uma negatividade e, na lógica gerencial neoliberal, como algo a ser afastado.

Admitir a restrição da liberdade de uma pessoa que ainda pode ser declarada inocente (ou que se reconheça a inexistência de provas da materialidade ou da autoria do crime a ela atribuído) pelo próprio Poder Judiciário é a demonstração de que a liberdade também passou a ser tratada como uma mercadoria, como algo disponível e que vale de acordo com um tipo de raciocínio que só reconhece a lógica do mercado. Com a relativização da presunção de inocência, a liberdade de uma pessoa passa a ser gerida a partir do eficientismo de viés econômico. Desaparece, portanto, a dignidade da liberdade, desde Kant, que se acreditava ter reservado a ela a condição de "valor fora do mercado", de algo que os avanços civilizatórios teriam situado fora dos cálculos economicistas ligados às perdas e aos ganhos do Estado ou aos aplausos e vaias típicos da sociedade do espetáculo.

A RELATIVIZAÇÃO DA PRESUNÇÃO DE INOCÊNCIA

Vista por alguns como um óbice à eficiência repressiva do Estado e por outros como um fenômeno *contra natura*, a "presunção de inocência" merece ser compreendida e resgatada em nome da necessidade, sempre presente nas sociedades com pretensões democráticas, de conter o poder penal. Isso como forma de contribuir à construção de uma cultura democrática, na medida em que o resgate do Estado Democrático de Direito, modelo marcado tanto pelo controle do poder quanto pela necessidade de concretização dos direitos fundamentais, impõe apostar na liberdade e no máximo respeito ao indivíduo durante o procedimento de persecução penal (procedimento tendente à aplicação de uma resposta estatal aos desvios rotulados como criminosos) até o esgotamento de todos os recursos cabíveis de eventual condenação, o que veda a antecipação da punição e a aplicação de medidas vexatórias/estigmatizantes.

As primeiras notícias do *princípio da presunção de inocência* remontam ao direito romano, contudo ele encontrou seu período de mais baixa concretude durante a Idade Média (nesse sentido, a tendência atual parece configurar mais um caso de regressão pré-moderna), no qual vigoravam procedimentos inquisitoriais, juízos de semiculpabilidade, provas tarifadas e fogueiras. Correlato ao *princípio da necessidade de jurisdição* (não há declaração de culpabilidade sem juízo), o princípio constitucional da presunção de ino-

ESTADO PÓS-DEMOCRÁTICO

cência revela que a prática e a autoria de um crime é que precisam ser demonstradas, nunca a inocência. Trata-se de um princípio contrafático, uma vez que há uma tendência natural a se julgar e condenar o outro mesmo sem provas seguras. Nesse sentido, a presunção de inocência acaba por revelar uma aposta civilizatória, na medida em que se faz uma opção em favor dos possíveis inocentes, mesmo à custa da impunidade de algum culpado. Mais do que uma opção legislativa em prol do indivíduo, o princípio da presunção de inocência representa uma proposta de segurança para o corpo social, visto que o arbítrio estatal, corporificado na condenação de inocentes, representa uma forma de violência igual, ou até pior (por se tratar de violência estatal), que a cometida pelo criminoso.

O princípio da presunção de inocência encontra-se elencado em diversas legislações. No Brasil, a previsão está no artigo 5°, inciso LVII, da Constituição da República. A previsão legal da presunção de inocência também se encontra no artigo 9° da Declaração dos Direitos do Homem e do Cidadão e em grande número de diplomas de direito internacional, inclusive na Convenção Americana de Direitos Humanos (Pacto de San José da Costa Rica), da qual o Brasil é signatário, em que se lê: "Toda pessoa acusada de delito tem direito a que se presuma sua inocência enquanto não se comprove legalmente sua culpa."

A RELATIVIZAÇÃO DA PRESUNÇÃO DE INOCÊNCIA

A redação brasileira (diga-se: tímida e dúbia) dada ao artigo 5°, inciso LVII, da Constituição Federal não faz referência explícita à expressão "presunção de inocência" e reproduz, em linhas gerais, a solução conciliatória adotada pela Constituição Italiana de 1947. Naquela ocasião, diante da redemocratização italiana, buscou-se evitar uma ruptura dogmática com a tradição dogmática-autoritária. Em apertada síntese, pode-se mencionar que na Itália confrontavam-se teóricos que conferiam ao *princípio da inocência* a sua amplitude máxima, como forma de realçar/reforçar a liberdade individual, como símbolo frente ao obscurantismo processual, e aqueles que detinham o poder político durante o fascismo italiano (e que representaram forte influência no direito brasileiro ao tempo da elaboração do Código de Processo Penal de 1941, praticamente uma cópia do Código Rocco italiano da década de 1930), que vislumbravam excessos na defesa das garantias individuais e acreditavam ser impossível a existência de uma verdadeira presunção de inocência que acobertasse pessoas acusadas de crimes. Para esses teóricos, vinculados ao movimento autoritário italiano, o que vigorava ao longo do processo criminal era uma "declaração (presunção) de não culpabilidade", uma postura que via o imputado (aquele a quem se atribui uma conduta criminosa) numa situação "neutra", em que ainda não podia ser tido como culpado, mas também não era visto como inocente.

ESTADO PÓS-DEMOCRÁTICO

Como se percebe, a disputa entre teóricos liberais e antiliberais reproduz, na compreensão desse princípio, o conflito entre o interesse repressivo e o interesse de manutenção da liberdade do cidadão. No Brasil, a presunção de inocência constitui direito fundamental de dimensão constitucional. Não se trata de uma presunção em sentido técnico, mas de uma valoração constitucional que condiciona a atuação de todos os agentes estatais em diversos momentos. Para o jurista gaúcho Amilton Bueno de Carvalho, a realização desse princípio exige a adoção de uma postura ativa (e não de mera passividade) da Agência Judicial, a saber: deve o juiz entrar no feito convencido de que o cidadão é inocente e só prova forte em contrário, destruidora da convicção inicial, é que resultará em condenação.

A concretização do princípio da presunção de inocência se dá em três dimensões diversas: a) a dimensão do tratamento conferido ao indiciado ou réu (norma de tratamento); b) a dimensão de garantia (norma do Estado); e c) a dimensão probatória (norma de juízo).

A presunção de inocência revela, em primeiro lugar, uma *norma de tratamento*, que favorece do indiciado ao réu, desde a investigação preliminar até, e inclusive, o julgamento do caso penal nos tribunais superiores (por "tribunal superior" entende-se o órgão judicial com competência em todo o território nacional). Todos os imputados (indiciados ou acusados) devem ser tratados como se inocentes fossem, até que advenha a certeza

A RELATIVIZAÇÃO DA PRESUNÇÃO DE INOCÊNCIA

jurídica da culpabilidade oriunda de uma sentença penal irrecorrível. O tratamento diferenciado entre o réu e qualquer outro indivíduo só se justifica diante do reconhecimento estatal, devidamente fundamentado, da necessidade de afastar o tratamento isonômico diante das hipóteses legais. Assim, por exemplo, tanto o uso de algemas quanto a decretação de prisões cautelares são medidas de exceção que só podem (ou só poderiam) ser adotadas em situações excepcionais. Nas democracias, a regra é, portanto, que, independentemente da gravidade do crime, o imputado responda ao processo em liberdade.

Em segundo lugar, a presunção de inocência representa uma *norma probatória* que se exprime por meio da máxima latina que orienta a apreciação da prova penal: *in dubio pro reo*. No processo penal, a carga probatória é toda da acusação. Mesmo diante da inércia da defesa, o acusado deverá ser absolvido se o Estado não for capaz de demonstrar a autoria, a materialidade e a culpabilidade descritas na acusação. O réu não precisa, portanto, provar sua inocência ou, por exemplo, demonstrar que atuou em legítima defesa. É também a dimensão probatória do princípio da presunção de inocência que torna inconstitucional qualquer ato (legislativo, administrativo ou judicial) que implique na inversão do ônus da prova no processo penal. Há, portanto, um claro limite material à liberdade de conformação da prova pelo legislador ordinário constituído pela importância atribuída

ESTADO PÓS-DEMOCRÁTICO

pelo legislador constitucional a determinados bens, tais como a vida, a liberdade, a integridade física, a saúde etc. Nos Estados democráticos, *in dubio pro libertate*: na dúvida deve o juiz optar pela solução mais favorável ao imputado, pela solução que menos restrinja a liberdade do indivíduo acusado de um crime. Por fim, o princípio da presunção de inocência é também dirigido ao Estado, como uma *norma de garantia* contra as opressões tanto públicas quanto privadas. Dito de outra forma: o Estado, para concretizar o princípio da presunção de inocência, recebe do legislador constituinte o dever de adotar todas as medidas que permitam assegurar ao indiciado ou acusado tratamento digno. E, mais do que isso, nas democracias, o princípio da presunção de inocência deve servir como obstáculo e constrangimento às tentações totalitárias (de fazer do imputado um objeto a ser manipulado pelo Estado) e às perversões inquisitoriais que levam ao encarceramento em massa da população que não serve à racionalidade neoliberal.

14. A espetacularização do Sistema de Justiça Criminal

A concepção liberal do Sistema de Justiça Criminal, como um espaço de limitação do arbítrio e contenção do poder estatal, como um conjunto ordenado e coerente voltado à racionalização do exercício do poder penal, encontra-se descartada no Estado Pós-Democrático. Correlato ao crescimento do pensamento autoritário, que muitos identificam com o "vazio do pensamento" (Hannah Arendt), a ausência de reflexão que está na base da produção banalizada de violências físicas, simbólicas e estruturais, deu-se o fenômeno de relativização das formas processuais, dos direitos e das garantias fundamentais. Em outras palavras: no Estado Pós--Democrático, as formas e as categorias processuais penais, os direitos e as garantias individuais passaram a

ESTADO PÓS-DEMOCRÁTICO

ser percebidos como obstáculos transponíveis à eficiência repressiva do Estado ou do mercado.

Em um movimento de mutação simbólica, o valor do processo penal como limite ao poder em nome dos direitos individuais está desaparecendo. Os institutos e as formas processuais penais passam a ser tratados como espécies de mercadoria, portanto, negociáveis e disponíveis. Ao mesmo tempo, o Sistema de Justiça Criminal, sempre seletivo, tornou-se cada vez mais objeto de atenção dos meios de comunicação de massa, que, com objetivos políticos, não é de hoje, manipulam as sensações de medo, insegurança e impunidade na sociedade.

A indústria do entretenimento também passou a vislumbrar, em certos casos penais, espetáculos rentáveis nos quais entram em cena o fascínio pelo crime afirmado na denúncia ou queixa (em um jogo de repulsa e identificação), a fé nas penas (apresentada como remédio para os mais variados problemas sociais) e certo sadismo (na medida em que aplicar uma "pena" é, em suma, impor um sofrimento). O Sistema de Justiça Criminal, com seus atores, mitos e rituais, foi percebido como um *locus* privilegiado à espetacularização. Do conjunto de órgãos estatais, a Agência Judicial é a que apresenta, no marco de suas atuações (*mise en scène*), o maior número de expressões cinematográficas e alegóricas. Um conjunto de simbolismos que remetem a conteúdos não representados ou descritos explicitamente, mas que remetem a jogos de ideias, senso comum, sentimentos, lembranças etc., tudo a fim de sugerir, apenas sugerir, uma adequação do Sistema de Justiça com o ideal de justiça.

A partir da constatação das atuais condições de produção, Guy Debord percebeu que toda a vida das sociedades "se apresenta como uma imensa acumulação de espetáculos. Tudo o que era vivido diretamente tornou-se uma representação". Hoje, ser-no-mundo é atuar, representar um papel como condição para ser percebido. Busca-se, com isso, fugir da sensação de invisibilidade e insignificância, uma vez que ser é ser percebido, aparecer aos olhos dos outros.

Sabe-se que o espetáculo é uma construção social, uma relação intersubjetiva mediada por sensações, em especial produzidas por imagens e, por vezes, vinculadas a um enredo. O espetáculo tornou-se também um regulador das expectativas sociais, na medida em que as imagens produzidas e o enredo desenvolvido passam a condicionar as relações humanas: as pessoas, que são os consumidores do espetáculo, exercem a dupla função de atuar e assistir, influenciam no desenvolvimento e são influenciadas pelo espetáculo.

Em meio aos vários espetáculos que se acumulam na atual quadra histórica, estão em cartaz os "julgamentos penais", um objeto privilegiado de entretenimento. O processo penal, que em dado momento histórico chegou

ESTADO PÓS-DEMOCRÁTICO

a ser pensado como um instrumento de racionalização do poder penal, para atender à finalidade de entreter, sofre profunda transformação. No "processo penal do espetáculo", os valores típicos da jurisdição penal de viés liberal ("verdade" e "liberdade") são abandonados e substituídos por um enredo que aposta na prisão e no sofrimento imposto a investigados e réus como forma de manter a atenção e agradar ao público; isso faz com que a atividade processual cada vez mais limite-se a confirmar a hipótese acusatória, que faz as vezes do roteiro do espetáculo.

No processo penal voltado para o espetáculo, não há espaço para garantir direitos fundamentais. O espetáculo, como percebeu Debord, "não deseja chegar a nada que não seja ele mesmo". A dimensão de garantia, inerente ao processo penal no Estado Democrático de Direito (marcado por limites ao exercício do poder), desaparece para ceder lugar à dimensão de entretenimento. Assim, ocorre o abandono da figura do jurista, entendido como o ator jurídico que dispõe de um saber específico, construído a partir do estudo das leis, da doutrina e da jurisprudência (no caso dos juristas críticos, um saber transdisciplinar, que envolve noções de filosofia, psicanálise, economia etc.), em nome da perspectiva do espectador, aquele que busca um prazer (sádico ou não) despreocupado, sem atenção a limites ao exercício do poder penal ou à finalidade das formas processuais.

A ESPETACULARIZAÇÃO DO SISTEMA DE JUSTIÇA CRIMINAL

Correlato ao declínio dos valores "liberdade" e "verdade" avança o campo da aparência, típico da Pós-Democracia. Esse movimento de estetização do Sistema de Justiça acarreta, muito mais do que a troca da perspectiva a respeito do processo penal, com a substituição do jurista pelo espectador, que é, ao mesmo tempo, ator (do juiz, que é, concomitantemente, diretor e espectador, do acusador, que funciona como roteirista sem deixar de ser também um espectador etc.), uma profunda modificação do estatuto do processo penal e da atuação dos atores jurídicos. O direito é invadido pela cultura, que já estava colonizada pela economia e pelos interesses dos detentores do poder da "indústria cultural", para utilizar a expressão criada por Theodor W. Adorno e Max Horkheimer. O direito, então, passa a estar subordinado à lógica da hipercultura midiática--mercantil (não mais uma sociedade influenciada apenas pela televisão, mas agora também por um número crescente de meios de comunicação, de centros multimídias, de redes, de canais, de plataformas, ainda que, no caso brasileiro, nas mãos de poucas famílias ou grupos), da teatralização, do *show business*, que tem como característica principal, como explicam Gilles Lipovetsky e Jean de Serroy, "implantar-se sob o signo hiperbólico da sedução, do espetáculo, da diversão da massa", mas que mistura as esferas do controle social, da economia, da cultura, das artes, da moda, tudo a esconder interesses de grupos bem definidos.

ESTADO PÓS-DEMOCRÁTICO

A estetização do processo penal faz com que a hipótese descrita pelo órgão acusador na denúncia ou queixa, que funciona como o roteiro do espetáculo, e assumida pelo juiz como verdade, remodele a realidade (que, distante do real, que não pode ser reproduzido, não passa de uma trama simbólico-imaginária), que se encontra espetacularizada e reduzida a uma versão da luta do bem contra o mal, numa ficção que o juiz se esforçara para apresentar como uma realidade, uma representação que independe de provas concretas – como a AP 470, caso emblemático desse movimento de espetacularização do processo penal ao lado das ações penais oriundas da Operação Lava Jato, deixou claro.

Assim, arte, preconceitos do público, marketing, lazer, perversões, tudo se mistura na criação e no desenvolvimento do caso penal: a lógica espetacular passa a definir como o processo é conduzido. Se a audiência do espetáculo cai, e com ela o apoio popular construído em torno do caso penal, sempre é possível recorrer a uma prisão espetacular, uma condução coercitiva ainda que desnecessária ou, se for o caso de criar comoção, um "vazamento", ainda que ilegal, de conversas telefônicas em nome do "interesse público", em nome do interesse do respeitável público.

O distanciamento do valor "verdade", que nunca era seguramente alcançado por meio da reconstrução histórica que se dava no procedimento penal, mas que servia de norte de atuação desde que respeitados os

A ESPETACULARIZAÇÃO DO SISTEMA DE JUSTIÇA CRIMINAL

limites éticos à busca da verdade, desapareceu, e com a preocupação com a verdade desapareceram esses mesmos limites éticos. O universo do espetáculo é o da ilusão, da aparência de acontecimento capaz de gerar sensações extraordinárias e hiperbólicas.

No processo espetacular, desaparece o diálogo, a construção dialética da solução do caso penal a partir da atividade das partes, substituído pelo discurso dirigido pelo juiz: um discurso construído para agradar ao grande público, às maiorias de ocasião forjadas pelos meios de comunicação de massa, isso em detrimento da função contramajoritária de concretizar os direitos fundamentais.

O Poder Judiciário, para concretizar direitos fundamentais, deveria julgar contra a vontade das maiorias de ocasião, sempre que isso for necessário para assegurar esses direitos. No processo penal do espetáculo, os direitos e as garantias fundamentais são tratados como elementos cênicos dispensáveis, peças que podem fazer parte de um museu, ou seja, na definição de Giorgio Agamben, "a dimensão separada à qual se transfere o que em um tempo era sentido como verdadeiro e decisivo, e agora já não é".

Os atores jurídicos, muitas vezes irmanados (não causa surpresa, portanto, a confusão no imaginário popular entre as funções do Poder Judiciário e do Ministério Público), passam a atuar orientados para fazer audiência, animados por estratégias para an-

ESTADO PÓS-DEMOCRÁTICO

gariar simpatias ou produzir rejeições, muitas vezes explorando tradições autoritárias ou preconceitos do público para o qual o espetáculo é produzido. Nesse quadro, os meios de comunicação de massa fazem dos indivíduos, tanto os meros espectadores quanto os atores jurídicos, seres despossuídos e manipulados, pessoas instrumentalizadas para o espetáculo.

Ao desaparecer a sujeição do juiz à Constituição, o juiz penal muda de papel: deixa de ser o garantidor dos direitos fundamentais estabelecidos pela Constituição da República a todos e a cada um, independentemente da vontade da maioria, para se tornar o diretor preocupado com o desenvolvimento do espetáculo, com a audiência. Assim, perde-se um dos principais fundamentos à legitimidade do Poder Judiciário e da função jurisdicional, bem como fragiliza-se a independência do Poder Judiciário em relação ao Legislativo e ao Executivo, poderes da maioria, e principalmente, em relação à mídia. O espetáculo, entendido como mercadoria produzida para agradar ao maior número possível de pessoas, é o *locus* adequado à onipotência das maiorias e ao sacrifício de direitos e garantias fundamentais de uns em nome do prazer de outros.

O ator jurídico que cede ao espetáculo costuma justificar o afastamento dos direitos e das garantias fundamentais como um movimento "democrático", uma atuação que vai ao encontro da vontade popular ou da opinião pública. Não há mais, pelo menos desde

A ESPETACULARIZAÇÃO DO SISTEMA DE JUSTIÇA CRIMINAL

as experiências catastróficas do fascismo clássico e do nazismo, como identificar "democracia" como a adesão à vontade da maioria. Uma coisa é submeter-se à crítica da opinião pública, outra é sonegar, para agradar parcela da sociedade (ainda que majoritária), direitos fundamentais estabelecidos para todos e para cada um, direitos que sempre foram fundamentos da própria ideia de democracia.

Ademais, não se pode ignorar o processo, nada democrático (ou pós-democrático), de formação da opinião pública (que envolve desinformação, manipulação de verdades, deformação da realidade social, recurso ao medo como fator de coesão social, entre outras formas de criar "consensos"), em especial o papel dos meios de comunicação, que também repercute nos rumos do processo penal voltado para o espetáculo. A opinião pública, aquilo que se afirma em um auditório, apenas sugere que determinada crença ou atitude seja difundida ou partilhada pela maioria, isso porque muitos não expõem seus pontos de vista no auditório por temerem o confronto ou as sanções formais (censura) e informais (reprovação, condenação moral, ofensas etc.). Essa opinião "pública", sempre seletiva e muitas vezes construída por meios coercitivos, identifica-se com a opinião publicada pelos meios de comunicação de massa, opinião que passa a regular o desenvolvimento do caso penal espetacularizado.

ESTADO PÓS-DEMOCRÁTICO

Para utilizar a terminologia proposta por Vilém Flusser, pode-se identificar o Sistema de Justiça Criminal como um "aparelho" (que imaginamos controlar enquanto, na verdade, ele controla a todos) destinado a fazer funcionar o "programa" do espetáculo. Programa, vale dizer, adequado à tradição em que está inserido o ator-espectador: no caso brasileiro, um programa autoritário feito para pessoas que se acostumaram com o autoritarismo, que acreditam na força, em detrimento do conhecimento, para solucionar os mais diversos e complexos problemas sociais e que percebem os direitos fundamentais como obstáculos à eficiência do Estado e do mercado. No processo penal do espetáculo, típico da pós-democracia, o desejo de democracia é substituído pelo "desejo de audiência" (expressão cunhada por Marcia Tiburi).

O enredo do "julgamento penal" é uma falsificação da realidade, uma representação social distante da complexidade do fato posto à apreciação do Poder Judiciário. Em suma, o fato é descontextualizado, redefinido, adquire tons sensacionalistas e passa a ser apresentado, em uma perspectiva maniqueísta, como uma luta entre o bem e o mal, entre os mocinhos e os bandidos. O caso penal passa a ser tratado como uma mercadoria que deve ser atrativa para ser consumida. A consequência mais gritante desse fenômeno passa a ser a vulnerabilidade a que fica sujeito o vilão escolhido para o espetáculo.

A ESPETACULARIZAÇÃO DO SISTEMA DE JUSTIÇA CRIMINAL

Para seguir o programa e atender ao enredo, construído e dirigido a partir do "desejo de audiência", a lei pode ser afastada. O espetáculo aposta na exceção: o respeito à legalidade estrita revela-se enfadonho e contraproducente; os direitos e as garantias fundamentais podem ser afastados. As formas processuais deixam de ser garantias dos indivíduos contra a opressão do Estado, uma vez que não devem existir limites à ação dos mocinhos contra os bandidos (a forma passa a ser um detalhe, que pode ser afastado de acordo com a vontade do "diretor"). Com a desculpa de punir os "bandidos" que violaram a lei, os "mocinhos" também violam a lei, o que faz com que percam a superioridade ética que deveria distinguir os atos estatais. Porém, o enredo a pautar o processo e que é consumido pela sociedade, com o auxílio dos meios de comunicação de massa, não permite reflexões éticas ou miradas críticas. Tudo é simplório, acrítico e condicionado por uma tradição autoritária – o importante é a sedução exercida pelo poder penal e o reforço da ideologia dominante. Nesse quadro, delações premiadas, que, no fundo, não passam de acordos entre "mocinhos" e "bandidos", em que um criminoso é purificado – sem qualquer reflexão crítica – e premiado com o aval do Estado, violações da cadeia de custódia (com a aceitação de provas obtidas de forma ilegítima, sem os cuidados exigidos pelo devido processo legal) e prisões desnecessárias (por vezes, utilizadas para obter confissões e outras declarações ao gosto do

ESTADO PÓS-DEMOCRÁTICO

diretor) tornam-se aceitáveis na lógica do espetáculo, sempre em nome da luta do bem contra o mal.

Note-se que a linguagem do espetáculo é constituída por sintomas da tradição (no caso brasileiro, como já se disse, uma tradição marcadamente autoritária) e do meio de produção dominantes. O julgamento--espetáculo, portanto, visa agradar ao espectador-ator social que assiste/atua condicionado por essa tradição autoritária – não por acaso, atores sociais autoritários são frequentemente elevados à condição de "heróis" e/ou "salvadores da pátria". Nessa toada, os direitos e as garantias fundamentais passam a ser percebidos como obstáculos que devem ser afastados em nome dos desejos de punição e da eficiência do mercado. Em outras palavras, no processo penal do espetáculo, os fins justificam os meios. Não causa surpresa, portanto, os ataques de parcela da magistratura ao princípio da presunção de inocência, apontado como uma das causas da impunidade.

No julgamento-espetáculo, todos querem exercer bons papéis na trama. Ninguém ousa atuar contra os desejos da audiência, sempre manipuláveis, seja por um juiz-diretor talentoso, seja pelos grupos econômicos que detêm os meios de comunicação de massa. Paradoxalmente, os atores jurídicos mais covardes, aqueles que têm medo de decidir contra a opinião pública (publicada), os que para atender ao "desejo de audiência" violam a lei e sonegam direitos fundamentais, são elevados à condição de heróis.

A ESPETACULARIZAÇÃO DO SISTEMA DE JUSTIÇA CRIMINAL

Como nas novelas televisivas, por vezes, o enredo precisa ser alterado, protagonistas perdem espaço (uma "testemunha-chave" torna-se dispensável, por exemplo) e personagens periféricos ganham destaque, tudo de acordo com a intuição do diretor, a repercussão conferida pelos meios de comunicação ou os números dos institutos que pesquisam a opinião do auditório. Mas não é só.

Se no processo penal democrático a preocupação é com a reconstrução eticamente possível do fato atribuído ao réu, no processo penal do espetáculo pós-democrático o que ocorre é o primado do enredo sobre o fato. Retorna-se, com a desculpa de atender ao desejo da opinião pública, à velha estratégia inquisitorial de investir com a hipótese acusatória contra o réu, transformando-o em mero objeto de um enredo para o qual não foi chamado a contribuir.

O enredo, a trama que envolve os personagens do julgamento-espetáculo, é conhecido antes de qualquer atividade das partes e o processo caminha até o final desejado pelo juiz-diretor. O primado do enredo inviabiliza a defesa e o contraditório, que no processo penal do espetáculo não passam de uma farsa, um simulacro. Em nome do "desejo de audiência", as consequências sociais e econômicas das decisões são desconsideradas (para agradar à audiência, informações sigilosas vazam à imprensa, imagens são destruídas e fatos são distorcidos), tragédias acabam transformadas em catástrofes:

ESTADO PÓS-DEMOCRÁTICO

no processo penal do espetáculo, as consequências danosas à sociedade produzidas pelo processo, não raro, são piores do que as do fato reprovável que se quer punir.

Diante desse quadro, impõe-se ressignificar o Sistema de Justiça Criminal como um instrumento de garantia contra a opressão e, portanto, como um instrumento contramajoritário, necessário à concretização dos direitos fundamentais. Resgatar a dimensão de garantia do processo penal, por sua vez, passa por reconhecer a necessidade de modificar a pré-compreensão dos atores jurídicos, afastando-os da tentação populista, isso com a construção de uma cultura democrática voltada à reconstrução do Estado Democrático de Direito.

15. Um tribunal que julgava para agradar a opinião pública

"Que teríamos feito sem os juristas alemães?"

– Adolf Hitler

A espetacularização do Sistema de Justiça Criminal é um fenômeno que leva à preocupação com o afastamento de direitos e garantias fundamentais em nome do "desejo de audiência", ou seja, da vontade de agradar o auditório que constitui a chamada "opinião pública". Na história, existe um importante exemplo de um Poder Judiciário que julgava para agradar a opinião pública.

Em 1938, o líder nazista Adolf Hitler foi escolhido o "homem do ano" pela revista *Time*. Antes disso, ele figurou na capa de diversas revistas europeias e norte-americanas, no mais das vezes com matérias elogiosas acerca de sua luta contra a corrupção e o comunismo que "ameaçavam os valores ocidentais". Seus discursos contra a degeneração da política (e do povo) faziam com que as opiniões e ações dos nazistas contassem com amplo apoio da opinião pública, não apenas na Alemanha. O apelo transformador/moralizador da política e as reformas da economia (adequadas aos detentores do poder econômico) fizeram emergir rapidamente um consenso social em favor de Hitler e de suas políticas. Diversos estudos apontam que a população alemã (mas, vale insistir, não só a alemã) apoiava Hitler e demonizava seus opositores, inebriada por matérias jornalísticas e propaganda, conquistada por meio de imagens e da manipulação de significantes de forte apelo popular (tais como "inimigo", "corrupção", "valores tradicionais" etc.). Em material de repressão aos delitos, os nazistas, também com amplo apoio da opinião pública, defendiam o lema "o punho desce com força" e a relativização/desconsideração de direitos e garantias individuais em nome dos superiores "interesses do povo".

A "justiça penal nazista", que chegou a contar com um órgão denominado "Tribunal do Povo", estabeleceu-se à custa dos direitos e das garantias individuais, estas percebidas como obstáculos à eficiência do Estado e ao projeto de purificação das relações sociais e do corpo político empreendido pelo grupo político de Hitler. Aliás, "lei e ordem" e "disciplina e moral" eram elementos retóricos presentes em diversos discursos e passaram a integrar a mitologia nazista.

UM TRIBUNAL QUE JULGAVA PARA AGRADAR A OPINIÃO PÚBLICA

Com o aval da maior parte dos meios de comunicação, que apoiavam o afastamento de limites legais ao exercício do poder penal, propagandeando uma justiça penal mais célere e efetiva, alimentou-se a imagem populista de Hitler como a de um herói contra o crime e a corrupção, o que gerou um aumento do apoio popular a suas propostas.

Hitler, aproveitando-se de seu prestígio, também cogitava alterações legislativas em matéria penal, sempre a insistir na "fraqueza" dos dispositivos legais que impediriam o combate ao crime. Se o Legislativo aplaudia e encampava as propostas de Hitler, o Judiciário também não representou um obstáculo ao projeto nazista. Muito pelo contrário.

Juízes, alguns por convicção (adeptos de uma visão de mundo autoritária), outros acovardados, mudaram posicionamentos jurisprudenciais sedimentados para atender ao Führer – é preciso ressaltar que, na mitologia alemã, o Führer era a corporificação dos interesses do povo alemão. Vale lembrar, por exemplo, que para Carl Schmitt, importante teórico ligado ao projeto nazista, o "povo" representava a esfera apolítica, uma das três que compõem a unidade política, junto à esfera estática (Estado) e à esfera dinâmica (Movimento/Partido Nazista), esta a responsável por dirigir as demais e produzir homogeneidade entre governantes e governados, isso por intermédio do Führer (aqui está a base do

ESTADO PÓS-DEMOCRÁTICO

chamado "decisionismo institucionalista", exercido sem amarras por Hitler, mas também pelos juízes nazistas).

O medo dos juízes de desagradar a "opinião pública" e cair em desgraça – acusados de serem coniventes com a criminalidade e a corrupção – ou de se tornar vítima direta da polícia política nazista (não faltam notícias de gravações clandestinas promovidas contra figuras do próprio governo e do Poder Judiciário) é um fator que não pode ser desprezado ao se analisarem as violações aos direitos e às garantias individuais homologadas pelos tribunais nazistas. Novamente com o apoio dos meios de comunicação, e sua enorme capacidade de criar fatos, transformar insinuações em certezas e distorcer o real, foi fácil tachar de inimigo todo e qualquer opositor do regime.

Ao contrário do que muitos ainda pensam (e seria mais cômodo imaginar), o projeto nazista não se impôs a partir do recurso ao terror e da coação de parcela do povo alemão; Hitler e seus aliados construíram um consenso de que o terror e a coação de alguns eram úteis à maioria do povo alemão. E, mais uma vez, é inegável o papel da mídia e da propaganda oficial na manipulação de traumas, fobias e preconceitos da população. Não por acaso, sempre que para o crescimento do Estado Penal Nazista era necessário afastar limites legais ou jurisprudenciais ao exercício do poder penal, "juristas" recorriam ao discurso de que era necessário "ouvir o povo", ouvir sua voz através de seus ventríloquos, em

UM TRIBUNAL QUE JULGAVA PARA AGRADAR A OPINIÃO PÚBLICA

especial do Führer, o elo entre o povo e o Estado, o símbolo da luta contra o crime e a corrupção.

Também não faltaram "juristas" de ocasião para apresentar teses de justificação do arbítrio (em todo momento de crescimento do pensamento autoritário aparecem "juristas" para relativizar os direitos e as garantias fundamentais). Passou-se, em nome da defesa do "coletivo", do interesse da "nação", da "defesa da sociedade", a afastar os direitos e as garantias individuais, em uma espécie de ponderação entre interesses de densidades distintas, na qual direitos concretos sempre acabavam sacrificados em nome de abstrações. Com argumentos utilitaristas – no mais das vezes, pueris, como o discurso do "fim da impunidade" em locais em que, na realidade, há encarceramento em massa da população –, construía-se a crença na necessidade do sacrifício de direitos.

A Alemanha nazista (como a Itália do fascismo clássico) apresentava-se como um Estado de Direito, um Estado autorizado a agir por normas jurídicas. Como é fácil perceber, a existência de leis nunca impediu o terror.

O Estado Democrático de Direito, pensado como um modelo à superação do Estado de Direito, surge com a finalidade precípua de impor limites ao exercício do Poder, impedir violações a direitos como aquelas produzidas no Estado nazista. Aliás, a principal característica do Estado Democrático de Direito é

175

ESTADO PÓS-DEMOCRÁTICO

justamente a existência de limites rígidos ao exercício
do poder (princípio da legalidade estrita). Limites que
devem ser respeitados por todos, imposições legais bem
delimitadas que vedam o "decisionismo" (no Estado
Democrático de Direito existem decisões que devem
ser tomadas e, sobretudo, decisões que não podem ser
tomadas).

O principal limite ao exercício do poder é formado
pelos direitos e garantias fundamentais, verdadeiros
trunfos contra a opressão (mesmo que essa opressão
parta de maiorias de ocasião, da chamada "opinião
pública"). Sempre que um direito ou garantia fundamental é violado (ou, como se diz a partir da ideologia neoliberal, "flexibilizado"), afasta-se do marco do
Estado Democrático de Direito. Nada, ao menos nas
democracias, legitima a "flexibilização" de uma garantia
constitucional, como, por exemplo, a presunção de inocência, tão atacada em tempos de populismo penal, no
qual a ausência de reflexão – o "vazio do pensamento"
a que se referia Hannah Arendt – marca a produção de
atos legislativos e judiciais, nos quais tanto a doutrina
adequada à Constituição da República quanto os
dados produzidos em pesquisas sérias na área penal
são desconsiderados em nome da "opinião pública".

Na Alemanha nazista, o Führer do caso penal (o
"guia" do processo penal, sempre, um inquisidor) podia
afastar qualquer direito ou garantia fundamental ao argumento de que essa era a "vontade do povo", de que era

UM TRIBUNAL QUE JULGAVA PARA AGRADAR A OPINIÃO PÚBLICA

necessário na "guerra contra a impunidade" ou na "luta do povo contra a corrupção" (mesmo que para isso fosse necessário corromper o sistema de direitos e garantias) ou, ainda, através de qualquer outro argumento capaz de seduzir a população e agradar aos detentores do poder político e/ou econômico. Vale lembrar, ainda, da ideia de "malignidade do bem": a busca do "bem" sempre serviu à prática do mal, inclusive o mal radical. O mal nunca é apresentado diretamente como "algo mal". Basta pensar, por exemplo, nas prisões brasileiras que violam tanto a legislação interna quanto os tratados e as convenções internacionais ou na "busca da verdade" que, ao longo da história, foi o argumento a justificar a tortura, as delações ilegítimas e tantas outras violações.

16. O Estado Pós-Democrático no Brasil: gestão dos indesejáveis (a criminalização da pobreza e os casos do Mensalão, da Lava Jato e do impeachment da presidenta Dilma)

A fragilização dos direitos fundamentais e do sistema de garantias típicos do Estado Democrático de Direito só pode ser compreendida à luz da constatação de que esses fenômenos estão ligados à razão neoliberal. Ao tornar-se hegemônica, a razão neoliberal levou ao abandono da noção de Estado Democrático de Direito, que ainda sobrevive no campo retórico, mas que se tornou um produto, sem conteúdo, ultrapassado pela realidade. É esse conjunto de representações, símbolos, imagens, visões de mundo e práticas que elevam a mercadoria e o capital financeiro aos únicos valores que realmente

ESTADO PÓS-DEMOCRÁTICO

importam, que explica a naturalização com que a população brasileira aceitou a principal característica do Estado Pós-Democrático: a ausência de limites ao exercício do poder. Essa ausência de limites se torna possível diante da desconstitucionalização tanto do sistema político quanto das esferas social e cultural, mas sobretudo, o que se revelou fatal para o paradigma do Estado Democrático de Direito, do Sistema de Justiça. Essa desconstitucionalização, inerente ao marco pós-democrático, significa o abandono do sistema de vínculos legais impostos a qualquer poder, até o próprio poder jurisdicional. Pelos mais variados motivos, que não cabem aqui desenvolver, instaurou-se uma espécie de "vale tudo" argumentativo e utilitarista, no qual os fins afirmados pelos atores jurídicos – ainda que distantes da realidade – justificam a violação dos meios estabelecidos na própria Constituição da República, bem como das formas e das substâncias que eram relevantes no Estado Democrático de Direito.

Em linhas gerais, pode-se afirmar que no Estado Pós-Democrático ficou constatada a progressiva desconsideração, ou mesmo a eliminação, dos valores constitucionais das consciências de grande parcela do povo brasileiro, inclusive dos atores jurídicos. Abriram-se as portas para os chamados "poderes selvagens" (Luigi Ferrajoli), poderes sem limites ou controles. Abandonou-se o paradigma do Estado Democrático

O ESTADO PÓS-DEMOCRÁTICO NO BRASIL

de Direito (democracia constitucional), no qual existem limites intransponíveis tanto ao exercício concreto do poder quanto à onipotência das maiorias de ocasião. As maiorias, no Estado Democrático de Direito, seja a parlamentar, seja a da população, também estavam submetidas a limites e vínculos substanciais, em especial aos conteúdos previstos na Constituição da República. Isso significa que no modelo democrático existiam coisas que as agências estatais (Legislativo, Executivo e Judiciário) e o cidadão estavam proibidos de fazer e outras que estavam obrigados a fazer, independentemente dos beneficiários e dos prejudicados com essas ações e omissões ditadas pela Constituição da República.

Ao lado da desconstitucionalização, o Brasil assistiu ao empobrecimento subjetivo, inerente à razão neoliberal, que se revela, para citar alguns exemplos, tanto no modelo de pensamento bélico-binário, que ignora a complexidade dos fenômenos e divide as pessoas entre "amigos" e "inimigos", quanto no incentivo à ausência de reflexão, não raro gerada pelos meios de comunicação de massa que apresentam "verdades" que não admitem problematizações. Diante desse quadro, deu-se uma espécie de regressão pré-moderna e, com ela, o fortalecimento de fenômenos como o "messianismo" e a "demonização".

Se a crise política brasileira de 2015/2016 que culminou com o impeachment da presidenta Dilma Rousseff, por um lado, revelou tanto a descrença na democracia

ESTADO PÓS-DEMOCRÁTICO

representativa quanto a tradição autoritária em que a sociedade está lançada, que se revela também na desconfiança da população em relação aos direitos e garantias fundamentais, vistos como obstáculos aos desejos da maioria, por outro, escancarou a receptibilidade de novos messias ou salvadores da pátria, em especial entre aquela parcela da população que apoiou a queda do governo democraticamente eleito.

Manifestações populares pró-impeachment deixaram claro que grande parcela da população brasileira deseja identificar entre os diversos atores sociais aqueles que encarnem a vontade popular (na verdade, a vontade e a visão de mundo dessa parcela da sociedade), mesmo que para isso tenham que atuar sem limites jurídicos ou éticos. Com a demonização da política, a população passa a desejar ser gerida por *outsiders*, pessoas que se apresentem como heróis ou gestores, mas sempre políticos que, ardilosamente, se afirmam não políticos.

O messias age em nome do povo sem mediações políticas ou jurídicas. Como percebeu Marcia Tiburi, "quem se apresenta como messias não precisa mais de padres e nem seguir o evangelho". Esse "salvador da pátria" pode ser um juiz midiático ("messianismo jurídico", para utilizar a expressão da cientista política espanhola Esther Solano), um militar saudosista dos regimes de exceção ("messianismo bélico") ou um empresário de sucesso ("messianismo empreendedor"). Não importa: entre pessoas autoritárias, os heróis

O ESTADO PÓS-DEMOCRÁTICO NO BRASIL

sempre serão autoritários. Ligada à identificação de um messias está a demonização daqueles que pensam diferente ou que não possuem valor dentro da lógica que se extrai da razão neoliberal.

Quadros como esse, em que parcela considerável da população aposta em um messias para liderar a luta/ guerra contra o mal, são propícios à eliminação das regras e dos princípios que pautavam o jogo democrático, pois apontam para a possibilidade de um "governo de pessoas" (de um governo submetido a um "messias") em detrimento do modelo de um governo submetido a leis adequadas ao projeto constitucional. Como os "messias" agem sem mediações ou limites, não há mais espaço para as estratégias de "separação de poderes", contenção do arbítrio ou para o respeito aos "direitos fundamentais". Na pós-democracia, abre-se espaço para lideranças carismáticas e pouco democráticas, em especial em sociedades como a brasileira, fortemente inserida em uma tradição autoritária.

O Estado Pós-Democrático implica um governo no qual o poder político e o poder econômico se identificam. Assim, muda-se também a relação entre a esfera pública e a esfera privada. Com isso desaparece a própria noção de conflito de interesses entre os projetos do poder político e os interesses privados dos detentores do poder econômico. O poder político torna-se subordinado, sem mediações, ao poder econômico: o poder econômico torna-se o poder político.

ESTADO PÓS-DEMOCRÁTICO

Pode-se, ainda, afirmar que essa aproximação, quase identidade, entre o poder político e o poder econômico (um complexo de interesses econômicos, financeiros, midiáticos etc.) gera o aumento da corrupção, mas dificulta sua identificação, isso porque "muda o paradigma do próprio sistema de corrupção" (Luigi Ferrajoli), bem como desaparecem ou são drasticamente reduzidos os mecanismos de controle dos atos do governo. Antes, o corruptor (geralmente, o detentor do poder econômico) "comprava" o corrupto (detentor de parcela do poder político) para alcançar um objetivo distinto daquele que se daria no exercício legítimo do poder político. Havia, então, uma relação disfarçada entre política e economia. Agora, quando o detentor do poder econômico assume diretamente o poder político, desaparece qualquer distinção entre esses poderes, os interesses privados passam a ser tratados, sem qualquer mediação, como "interesses públicos". Assim, o recurso à "corrupção vulgar" – a "compra" de parlamentares ou administradores – torna-se desnecessário. Tudo isso em corrupção do sistema econômico, do princípio da livre concorrência, do sistema de proteção trabalhista e dos demais direitos sociais, do sistema de direitos e garantias liberais, da liberdade de informação, da efetiva liberdade de imprensa etc.

O Estado Pós-Democrático é um modelo tendencialmente omisso no campo do bem-estar social, mas necessariamente forte na contenção dos indesejáveis, sejam eles a camada da população incapaz de produzir ou consumir, sejam eles os inimigos políticos daqueles que detêm o poder político e/ou econômico.

A utilização do poder penal para excluir e neutralizar os "inimigos" não é um fenômeno novo, mas costuma-se apontar a experiência norte-americana nas últimas quatro décadas como o principal e mais influente exemplo da gestão penal de pessoas. Desde meados dos anos 1970, os Estados Unidos são os principais disseminadores de um projeto político que busca submeter todas as atividades humanas à lógica do mercado, e para tanto tornou-se indispensável o incremento do Estado Penal. O crescimento do recurso ao poder penal, correlato à diminuição das políticas inclusivas, assistencialistas e de redução da desigualdade, revela-se funcional à razão neoliberal. Com isso, pode-se atribuir aos Estados Unidos, após as experiências latino-americanas que serviram de ensaio, o advento do uso neoliberal do poder penal, adequado a uma sociedade consumista, sem limites e submetida tanto ao mercado quanto ao individualismo narcísico e moralizante.

A opção política norte-americana de livrar o Estado de preocupações com a redução da desigualdade, a inclusão das minorias e o funcionamento da economia, somada à tolerância com um elevado nível de pobreza, a concentração da riqueza em poucas mãos, a decomposição do proletariado (vítima das revoluções tecnológicas levadas a cabo sem preocupações sociais) e a desregulamentação do trabalho só são sustentáveis pelo agigantamento do Estado Penal. Isso pode ser comprovado nos Estados Unidos por meio da análise da correlação entre o nível dos auxílios sociais e a taxa de encarceramento nos estados: quanto mais são reduzidos os auxílios sociais, mais aumenta o número de pessoas presas.[1] Ou seja, a razão neoliberal leva a um regime complexo que é liberal em relação aos detentores do poder político e econômico, público para o qual vigora o *laissez-faire*, e, ao mesmo tempo, busca anestesiar ampla parcela da população com promessas de consumo, enquanto, para os indesejáveis, os indivíduos ou grupos que "não prestam" segundo a razão neoliberal, reserva medidas penais de controle e exclusão, em uma espécie de paternalismo punitivo.

Entre as funções clássicas do Estado (elaboração de leis, defesa de agressões externas etc.), a razão neoliberal prioriza as funções ligadas à polícia e à justiça, isso porque não pode haver obstáculos para os fins do mercado e a busca do lucro, o que faz com que o Estado precise atuar no controle e na exclusão de indivíduos ou grupos "perigosos". A "segurança" é essencial ao consumo e à circulação de mercadorias e capitais. A "segurança", porém, não é só um meio de assegurar

---

1. Ver BECKETT Katherine; WESTERN Bruce. *Governing Social Marginality: Welfare, Incarceration and the Transformation of State Policy, in Punishment e Society 3*, n. 1, janeiro/2001, pp. 43-59.

O ESTADO PÓS-DEMOCRÁTICO NO BRASIL

o mercado e a fruição de direitos primários (vida, integridade física, patrimônio etc.), a razão neoliberal transformou-a em mercadoria.

Ainda na linha de tratar a "segurança" como uma mercadoria valiosa a ser "vendida" tanto por agentes do Estado quanto por sociedades empresárias, a manipulação da sensação de insegurança adquire peso político no Estado Pós-Democrático. O medo é um motor para o consumo, para o controle da população e até para golpes de Estado. É essa "sensação" de medo, de insegurança, que justifica toda a propaganda relacionada às políticas repressivas, as campanhas que visam à supressão dos direitos e das garantias dos "inimigos" e também ao crescimento da chamada Indústria da Segurança (venda de armas, carros blindados, câmeras de vigilância, serviços privados de segurança etc.).

Note-se que insegurança não se confunde com sensação de insegurança, o que explica, por exemplo, o fato de as pessoas que residem em áreas nobres no Rio de Janeiro, em que quase não ocorrem crimes, sentirem-se mais inseguras do que a população residente em áreas com alto índice de criminalidade, mais acostumada com a violência subjetiva e também com a violência estrutural, que é aquela inerente ao funcionamento normal das instituições na sociedade capitalista. Trocas de tiros diárias que são naturalizadas nas favelas cariocas, por exemplo, são insuportáveis em Ipanema ou no Leblon. Nesse particular,

ESTADO PÓS-DEMOCRÁTICO

cumpre frisar o papel dos meios de comunicação de massa tanto na exploração política do medo quanto da naturalização da violência dirigida a determinada parcela da sociedade.

Para dar uma resposta simbólica aos pleitos por segurança e, ao mesmo tempo, atender aos fins do mercado, ocorre o endurecimento das políticas policiais, penitenciárias e judiciárias. A retração dos investimentos sociais, que poderia ser fonte de conflitos, é compensada pela expansão das medidas penais, aplicadas cada vez com maior intensidade em resposta às mutações do campo do trabalho, ao crescente desemprego, ao desmantelamento do proletariado, à mutação da correlação de forças entre as classes, dentre outros fenômenos que se dão sob a bandeira do neoliberalismo e que estão ligados à reconfiguração do poder político de acordo com os interesses materiais e simbólicos dos detentores do poder econômico.

Com a substituição tanto da lógica do trabalho assalariado fordista (que, em suma, funcionava, ainda que involuntariamente, como um fator de solidariedade, a partir da divisão de funções no processo de trabalho) quanto do keynesianismo (modelo que se abria à preocupação de proteger as populações mais vulneráveis e reduzir as desigualdades) pela lógica da competição, eliminação dos concorrentes e da responsabilidade individual irrestrita, restou ao Estado a função de manter a ordem (o que significa: viabilizar o mercado).

O ESTADO PÓS-DEMOCRÁTICO NO BRASIL

Dos Estados Unidos para a Europa e a América Latina, instaurou-se crença na necessidade da "guerra ao crime", expressão que na realidade esconde um processo de exclusão ou extermínio da população indesejada e despossuída (indesejada, em regra, por ser despossuída) que se dá nos locais que essas pessoas ocupam nas cidades. No Brasil, que adotou o modelo bélico estadunidense de reação às condutas (e pessoas) problemáticas à luz da razão neoliberal, as favelas e as periferias tornaram-se o cenário em que ocorrem espetáculos promovidos pelos agentes estatais responsáveis pela "ordem pública" (leia-se: conjunto de medidas que permitem o gozo da propriedade e a manutenção da lógica do mercado), tais como as exibições do poderio bélico estatal, a troca de tiros com pessoas apontadas como criminosas e as "pacificações" (na verdade, ocupações militares seguidas da instauração, em maior ou menor grau, de regimes de exceção). Desses novos guetos, o Sistema de Justiça seleciona a maioria das pessoas que vai figurar como ré e acabar condenada. Nesses guetos, a "vida" é uma mercadoria de valor bem reduzido.

A gestão pelo Sistema de Justiça Criminal dessas pessoas que não interessam ao projeto neoliberal é, como percebeu Loïc Wacquant, uma "gestão pornográfica", isto é, concebida e executada não com a finalidade de atender aos fins declarados (ou seja, de prevenir novos delitos, punir e recuperar criminosos, pacificar

ESTADO PÓS-DEMOCRÁTICO

a sociedade, entre outros), mas com o objetivo de ser exibida, de se tornar um espetáculo. Um espetáculo que se desenvolve tanto em sede policial quanto nos tribunais pelo Brasil afora. Por isso, os chavões que atendem e satisfazem à natureza autoritária da sociedade brasileira, as cenas de persecução penal exageradas e dramatizadas. Repetições de roteiros e práticas, por vezes acrobáticas ou inverossímeis, que agradaram a população e os meios de comunicação de massa, mas que não passam de "um espelho que deforma a realidade até o grotesco", por isso, "o manejo da lei-e-ordem está para a criminalidade assim como a pornografia está para as relações amorosas" (Wacquant).

No Brasil, a pornografia penal atinge índices altíssimos. Como é da essência do Estado Pós-Democrático, aposta-se na exclusão dos indivíduos indesejados. Com a redução dos direitos trabalhistas, o desmonte da Consolidação das Leis do Trabalho (CLT), as privatizações e a comercialização do cotidiano, resta ao poder político recorrer ao poder penal. A "mão invisível do mercado" que assegura a "sobrevivência dos mais aptos", como se todos estivessem na mesma condição de concorrer por direitos e vantagens, encontra seu prolongamento ideológico nas campanhas por mais encarceramentos e nas premissas do Estado Penal voltado aos que recebem o rótulo de *underclass*. A exclusão e o controle daqueles que demonstram "falhas de caráter", "deficiências comportamentais", "preguiça para o trabalho", "rebeldia"

O ESTADO PÓS-DEMOCRÁTICO NO BRASIL

ou qualquer outra etiqueta neoliberal revelam-se necessários à luz da razão neoliberal.

A exclusão de parcela da população se dá através da penalização, em particular com o encarceramento (em 2015, o Brasil ostentava a quarta maior população carcerária do planeta), e também do extermínio promovido tanto por agentes estatais – há estatísticas de que a polícia brasileira é a que mais mata em serviço e também a que mais morre – quanto por agentes particulares, grupos paramilitares ("milícias") e os "esquadrões da morte". Registre-se, por oportuno, que durante os governos Lula da Silva e Dilma Rousseff – apontados por alguns cientistas políticos como representantes de uma "era pós-neoliberal" (Emir Sader) – se deu uma transformação da regulação da população pobre no Brasil, com a conjugação de políticas inclusivas/assistencialistas (que são típicas do *Welfare State*) e repressivas.[2]

Os indesejados para os detentores do poder econômico, porém, não se resumem àqueles incapazes de produzir ou consumir mercadorias. Existem também os inimigos políticos que representam, ou ao menos simbolizam, uma ameaça ao controle político do Estado. O recurso ao Sistema de Justiça para afastar esses obstáculos materiais e simbólicos também é um sintoma

---

2. É inegável que os governos Lula da Silva e Dilma Rousseff aderiram ao populismo penal, o que levou à aposta em respostas penais simbólicas para vários problemas sociais, com destaque para a corrupção.

ESTADO PÓS-DEMOCRÁTICO

do Estado Pós-Democrático, no qual o Poder Judiciário deixa de reconhecer limites ao exercício do poder para funcionar em sentido contrário, mais precisamente como um instrumento voltado à eliminação dos obstáculos aos interesses do Estado ou do mercado. Isso se dá porque a razão neoliberal passou a condicionar a atuação dos atores jurídicos que, ainda que inconscientemente, abandonam a pretensão de servirem como garantidores dos direitos fundamentais.

O julgamento da Ação Penal 470 pelo Supremo Tribunal Federal, caso penal que ganhou destaque nos meios de comunicação de massa e ficou conhecido como Mensalão – nome que se origina da versão de que o governo do Partido dos Trabalhadores pagava mensalmente a parlamentares de diversos partidos em troca de apoio, o que não foi demonstrado ao fim das investigações –, foi um marco no processo de transformação do processo penal em um espetáculo, em que a solução justa do caso penal é substituída pelo "desejo de audiência".

Para muitos, o Mensalão foi a resposta possível da elite brasileira à vitória eleitoral do Partido dos Trabalhadores, enquanto outros foram levados a imaginar que com esse processo se iniciava a moralização da vida político-partidária. Essas hipóteses, no entanto, estão longe de revelar o que representou a AP 470 no movimento de superação do Estado Democrático de Direito no Brasil. É importante ressaltar que, para essa

O ESTADO PÓS-DEMOCRÁTICO NO BRASIL

análise, as condutas individuais, a existência de crimes e a responsabilidade penal e política dos envolvidos são irrelevantes. Pessoas cometem crimes, por vezes são condenadas, por vezes, absolvidas. Isso faz parte de qualquer concepção democrática de justiça. Ao longo desse processo, o atentado à democracia não consistiu na condenação de inocentes ou em erros de interpretação sobre os fatos que possam ter existido. Neste livro o que interessa é o fato de os limites legais e teóricos ao exercício do poder penal terem sido abandonados para permitir a punição exemplar de determinadas pessoas, isso em franca oposição à função de garantia dos direitos fundamentais que o Supremo Tribunal Federal vinha mantendo desde a redemocratização, o que acabou por produzir um caso exemplar de utilização explicitamente política do Sistema de Justiça Criminal.

A quantidade de atipicidades, isto é, de atos e decisões contrários à Constituição, à lei e à jurisprudência sedimentada dos tribunais, contrariando a maneira como os tribunais tratavam de diversas questões jurídicas até aquele momento, fez com que o ministro Luís Roberto Barroso, por ocasião de sua sabatina para ingressar no Supremo Tribunal Federal, afirmasse que o julgamento da AP 470 foi um "ponto fora da curva". A história, porém, demonstrou que esse processo foi o início da curva para a consolidação do Estado Pós--Democrático no Brasil, como percebeu Marcelo Semer. Para o caso Mensalão, o Poder Judiciário, por intermédio de seu órgão de cúpula, abandonou qualquer pretensão de limitar o exercício do poder penal em atenção à legalidade estrita.

No julgamento da AP 470 é possível encontrar atipicidades em todas as fases do procedimento que culminou com penas severas contra diversos líderes políticos. Basta assistir à sessão do Supremo Tribunal Federal em que se deu o juízo de admissibilidade da acusação, fase em que, para afirmar a seriedade da acusação, os ministros deveriam analisar tão somente a existência de meros indícios de que os acusados poderiam ter praticado os crimes a eles atribuídos, para perceber que vários ministros já adentravam em considerações relativas ao mérito do caso penal. Essas antecipações de juízos condenatórios, ao agrado dos meios de comunicação de massa, comprometem a imparcialidade e tornam ilegítimo o resultado do processo, conforme reiterada jurisprudência da Corte Interamericana de Direitos Humanos.

Deu-se, desde o início do caso Mensalão, o "primado do enredo sobre os fatos", que caracteriza o processo penal do espetáculo. Com isso, a pretensão de reconstruir por meio das provas o que de fato aconteceu acabou substituída pela necessidade de confirmar a hipótese acusatória, já afirmada pelos meios de comunicação de massa como verdadeira e previamente aceita pela maioria dos julgadores, preocupados em dar respostas simbólicas às campanhas midiáticas contra os acusados.

O ESTADO PÓS-DEMOCRÁTICO NO BRASIL

Também as regras de competência foram afastadas ou interpretadas de maneira diversa no julgamento da AP 470. Pode-se conceituar "competência" como o limite estabelecido por lei para o exercício válido da atividade jurisdicional. Deve julgar uma causa, o órgão jurisdicional previsto em lei. Contrariando toda a jurisprudência anterior (e, após o julgamento do "Mensalão", a "tese" adotada foi novamente abandonada), entendeu-se que os acusados sem "foro por prerrogativa de função" – a Constituição estabelece que algumas pessoas que exercem função pública relevante devem ser julgadas por determinados órgãos jurisdicionais – deveriam ser julgados diretamente pelo Supremo Tribunal Federal e com isso retirou-se de diversos acusados a garantia processual de fazer uso do sistema recursal. Em suma, a interpretação do STF, adotada para esse único caso, fez com que direitos e garantias dos acusados fossem afastados. O Supremo Tribunal Federal, com a aquiescência da mídia e o silêncio de grande parcela dos juristas, escolheu julgar o caso Mensalão, afastando os órgãos judiciais previstos em lei para tanto, em clara violação casuística ao princípio constitucional do Juiz Natural, que veda os tribunais de exceção e os juízos de encomenda.

De igual sorte, o fato de o julgamento dos acusados no caso Mensalão ter ocorrido antes de outros casos mais antigos, alguns dos quais muito semelhantes (mas que envolviam atores políticos diferentes), também não pode

ESTADO PÓS-DEMOCRÁTICO

ser desconsiderado em uma análise séria da utilização política (por vezes, político-partidária) do Sistema de Justiça na pós-democracia.

Também nesse julgamento, muitas declarações equivocadas foram produzidas pelos ministros da corte suprema. Um deles afirmou que a empresa Visanet Brasil (atualmente, Cielo) era uma subsidiária do Banco do Brasil, o que nunca foi verdade. Outro chegou a dizer que o álibi apresentado por um dos réus era "um fato modificativo, impeditivo ou extintivo do direito do autor" e que, portanto, a dimensão probatória do princípio da presunção de inocência deveria ser afastada, o que caracteriza uma confusão primária entre o processo civil, que trata principalmente de interesses patrimoniais, com o processo penal, voltado à tutela da liberdade. Na pós-democracia, o valor "verdade" e as teorias jurídicas cedem sempre que necessário a atingir o objetivo visado, o que se revela adequado à lógica neoliberal.

O caso Mensalão também chamou a atenção pelo reconhecimento explícito da possibilidade de condenações criminais sem provas seguras da autoria de um crime. Nesse particular, tanto o voto da ministra Rosa Weber – então, assessorada pelo juiz federal Sérgio Moro, que pouco tempo depois seria um dos juízes responsáveis pelo caso Lava Jato – quanto a distorção da "teoria do domínio do fato" são significativos. De forma resumida, a teoria do Domínio do Fato surgiu

O ESTADO PÓS-DEMOCRÁTICO NO BRASIL

há várias décadas (embora alguns ministros a apresentassem como uma "novidade") para diferenciar corretamente as hipóteses de "autoria" das de mera "participação" no delito: o autor do crime seria não só quem pratica ações descritas na lei como criminosas como também qualquer pessoa que detenha o domínio sobre a execução do crime.

Ao contrário do que se deu no Brasil, em todos os locais em que é aplicada, a teoria do Domínio do Fato exige que existam provas seguras tanto contra o autor quanto contra o partícipe, este a pessoa que não detém o domínio sobre o fato. No caso Mensalão, afirmou-se que essa teoria de origem alemã permitiria a condenação de quem figurasse na hipótese acusatória como mandante ou chefe de organização criminosa, mesmo que não existissem provas contra ele. No processo penal que se desenvolve em Estados Democráticos, a acusação não passa de uma hipótese a ser ou não confirmada pelas provas. No Estado Pós-Democrático não há necessidade de provar a hipótese acusatória, uma vez que é ela que melhor atende à razão neoliberal.

Amparada por essa distorção teórica, a ministra Rosa Weber do Supremo Tribunal Federal declarou que estava autorizada a condenar o ex-ministro José Dirceu mesmo sem provas seguras da autoria. Poucos anos depois, Dirceu voltaria a ser condenado, dessa vez por Sérgio Moro, ex-assessor de Rosa Weber, amparado por provas que muitos juristas afirmam ser de legitimidade duvidosa.

ESTADO PÓS-DEMOCRÁTICO

Aqui, pouco importam simpatias pessoais, o caráter ou a conduta do réu para além do que está demonstrado nos autos: o fato é que votar pela condenação de uma pessoa sem que existam provas seguras contra ela, pelo menos no Estado Democrático de Direito, configura uma aberração, mas que foi tolerada (quando não aplaudida) pela sociedade brasileira. No caso de José Dirceu, a atipicidade torna-se ainda mais grave porque o ex-ministro não possuía "foro por prerrogativa de função" e sequer deveria ter sido julgado diretamente pelo Supremo Tribunal Federal.

Por ocasião da fixação da pena, um debate entre ministros, para saber qual lei seria aplicável a um dos fatos atribuídos aos réus, revelou que os julgadores desconheciam a data em que o crime teria sido cometido. Sabe-se que a acusação é sempre de um acontecimento naturalístico, isto é, um fato concreto individualizado no tempo e no espaço. Todavia, no caso Mensalão os réus foram condenados sem que a acusação ou os julgadores fossem capazes de indicar a data, mesmo que aproximada, em que teria se dado o "oferecimento ou a promessa de vantagem" atribuída aos réus.

Mas não foi só. Também no momento da fixação da pena, outras atipicidades foram verificadas. O ministro Joaquim Barbosa, por exemplo, ao reconhecer que a pena fixada era elevada "para evitar o fenômeno da prescrição", deixou claro que abandonava as regras

O ESTADO PÓS-DEMOCRÁTICO NO BRASIL

legais do processo de fixação das penas e o correlato princípio da proporcionalidade, norma que exige que a pena deve ser proporcional ao desvalor concreto do fato atribuído ao apenado, com o objetivo de ver determinados réus presos. A pena é, ou deveria ser, a resposta adequada ao fato com suas circunstâncias, sendo ilegal que qualquer juiz aumente a pena privativa de liberdade apenas para evitar a perda da pretensão punitiva diante da prescrição.

Para tornar ainda mais explícito que o julgamento da AP 470 se afastou das premissas do Estado Democrático de Direito, há o fato de réus receberem penas privativas de liberdade que acabaram determinadas pela parcela minoritária dos ministros do Supremo Tribunal Federal. O exemplo do ex-ministro é esclarecedor: ao se somarem os ministros que votaram pela absolvição de Dirceu com aqueles que aplicavam penas adequadas ao fato concreto, mas que já estariam prescritas, tem-se um número maior de julgadores do que o número de ministros que acabou por fixar a quantidade de pena privativa de liberdade efetivamente aplicada ao político petista. Na busca por condenações exemplares de determinados réus, violou-se até a aritmética: o menor grupo de ministros do STF prevaleceu contra a maioria. O certo, para evitar essa distorção, seria que os ministros que votaram pela absolvição tivessem participado também da votação do capítulo da sentença relativo ao *quantum* da pena privativa de liberdade a ser aplicada.

Como foram excluídos, prevaleceu a quantidade de pena imposta pela minoria, a partir do voto condutor do ministro Joaquim Barbosa.

As esperanças de que o julgamento do caso Mensalão não passasse de um "ponto fora da curva" ou de um julgamento de exceção cederam diante de outros julgamentos do Supremo Tribunal Federal, entre os quais se destacam o que considerou legítima a relativização da garantia constitucional da presunção de inocência para permitir a execução provisória de sentença penal condenatória e os que se originaram da chamada Operação Lava Jato. Nesses casos, mais uma vez é possível perceber o funcionamento da lógica neoliberal de tratar os direitos e as garantias fundamentais como negatividades e afastá-los.

Em alguns dos processos originados da Operação Lava Jato, instaurada às vésperas da eleição presidencial de 2014, cercados de espetacularização semelhante à da AP 470, deram-se seguidas atipicidades que foram apontadas por vários juristas como violações de direitos e garantias dos investigados e dos réus, em sua grande maioria toleradas pelo Poder Judiciário. Direitos e garantias fundamentais, vistos como obstáculos aos objetivos repressivos, moralizantes e políticos da Operação Lava Jato, teriam sido afastados. Por outro lado, as consequências sociais e econômicas desses processos, que raramente foram objeto de atenção dos meios de comunicação de massa, mostraram-se adequadas à razão neoliberal.

O ESTADO PÓS-DEMOCRÁTICO NO BRASIL

As formas processuais, que no Estado Democrático de Direito servem à garantia dos direitos fundamentais, em diversas oportunidades foram desconsideradas. As defesas técnicas dos réus desses processos narram diversos episódios de violações da imparcialidade – da equidistância que os juízes deveriam manter dos interesses em jogo no caso penal –, das regras de competência – vários crimes que deveriam ser julgados em outros juízos criminais acabaram reunidos em uma das varas federais de Curitiba, na qual um juiz passou a se dedicar exclusivamente a eles –, da inviolabilidade das comunicações telefônicas – todo o processo foi marcado pelo "vazamento" seletivo do teor de conversas telefônicas, algumas das quais com potencial de influenciar na dinâmica político-partidária brasileira –, da vedação da prova ilícita e da cadeia de custódia probatória.

Também não são poucos os relatos de prisões no curso das investigações ou dos processos relacionados à Lava Jato que teriam sido decretadas sem a presença dos requisitos legais e com o objetivo aparente de forçar os investigados ou os réus a fazerem "delações premiadas". Segundo essa tese, que encontra eco em diversos pareceres de juristas que estudaram a Lava Jato, prisões foram utilizadas como forma de coagir pessoas a apresentarem versões que interessavam aos órgãos encarregados da persecução penal.

É inerente ao instituto da delação premiada que o desejo de colaborar em troca de vantagens proces-

ESTADO PÓS-DEMOCRÁTICO

suais ou materiais seja livre e voluntário, razão pela qual, em diversas legislações estrangeiras, é vedada a possibilidade de delações de pessoas que se encontrem presas provisoriamente. O próprio instituto da delação premiada, prestigiado no âmbito da Operação Lava Jato, em um ambiente democrático esbarraria em limites éticos e jurídicos. A delação premiada, que o legislador passou a chamar de "colaboração premiada" para encobrir o desvio ético inerente a toda e qualquer delação, aparece na cena pós-democrática como um instrumento capaz de potencializar a eficácia punitiva do Estado e, ao mesmo tempo, fornecer novos ingredientes ao processo penal transformado em espetáculo. Com a progressiva substituição do desejo de democracia (logo, intimamente ligado ao respeito aos direitos e às garantias fundamentais) pelo "desejo de audiência" (por sua vez, comprometido com a satisfação do auditório que constitui a opinião pública), a delação premiada e o vazamento de seu conteúdo acabaram por ser utilizados no decorrer da Operação Lava Jato com a mesma lógica dos efeitos especiais em um filme hollywoodiano, ou seja, como uma estratégia para resgatar a atenção do público para o espetáculo e agradar a audiência. Instaurado o "vale tudo" em nome do espetáculo, e no qual a ética pode ser deixada de lado, a delação premiada tornou-se desejada e festejada.

O ESTADO PÓS-DEMOCRÁTICO NO BRASIL

A negociação (o *bargain*) entre os agentes estatais e os imputados, alguns dos quais criminosos confessos, passou a ser naturalizada e incentivada na pós-democracia em nome da eficiência punitiva e da redução dos custos com o processo. A figura do delator/traidor e todo o desvalor historicamente associado à delação são desconsiderados para que o imputado, que apresenta uma versão ao agrado dos atores estatais (algo que não necessariamente guarda relação com o valor "verdade"), acabe premiado pelo Estado com o perdão judicial, a redução da pena ou a aplicação de respostas penais diferenciadas e, em alguns casos, com a ausência da persecução penal em juízo. A informação, verdadeira ou não, contida na delação é vista como uma positividade. A aproximação com a verdade, por definição, complexa, composta tanto de positividades quanto de negatividades, torna-se meramente acidental. Com a delação desaparece qualquer resquício da superioridade ética que deveria distinguir o Estado do criminoso-delator.

Na pós-democracia, a informação é tratada como uma mercadoria e passa a ser construída como pura positividade. Passa a ser considerada "informação" apenas aquela que confirma a hipótese acusatória. A verdade e a liberdade tornam-se descartáveis. A informação, pura positividade, torna-se mais importante do que a verdade, composta por positividades e negatividades. Quanto mais difícil for comprovar a hipótese acusatória, que faz as vezes do enredo do espetáculo processual,

ESTADO PÓS-DEMOCRÁTICO

mais valiosa torna-se a informação. Em quadros mentais paranoicos, com hipóteses acusatórias que partem de certezas delirantes, a informação valiosa é aquela que confirma a hipótese, seja ou não verdadeira.

Ainda sobre um dos processos originados na Operação Lava Jato, o jurista Elmir Duclerc declarou que a circunstância de um dos réus, o ex-presidente Lula, ser julgado por Sérgio Moro – "um juiz que, dentre outras coisas, conduziu-o, coercitivamente, fora das hipóteses legais; violou, reconhecidamente, o seu sigilo telefônico; divulgou, publicamente, conteúdo sigiloso e ilegalmente obtido; exigiu seu comparecimento, ilegalmente, a todas as audiências de oitiva de testemunhas de defesa" – é "prova cabal de que a Revolução Francesa ainda não chegou ao Brasil". Percebe-se, pois, que a legalidade democrática, que abarca tanto formas processuais que servem de garantia contra arbítrios quanto as regras que asseguram a imparcialidade do julgador, torna-se um mero simulacro no Estado Pós-Democrático.

Não cabe neste espaço uma análise aprofundada dessas e de outras atipicidades que diversos e insuspeitos juristas afirmam existir na Lava Jato, mas o certo é que, no marco do Estado Democrático de Direito, essas questões seriam objeto de atenção e preocupação diversa da que existe na atual quadra histórica. Em 2010, por exemplo, o ministro Gilmar Mendes, mais preocupado com a normatividade constitucional, ao julgar processo conduzido pelo mesmo juiz Sérgio Moro,

O ESTADO PÓS-DEMOCRÁTICO NO BRASIL

declarou que "o juiz é órgão de controle no processo criminal. Tem uma função específica. Ele não é sócio do Ministério Público e, muito menos, membro da Polícia Federal, do órgão investigador, no desfecho da investigação", bem como que "a prisão preventiva não pode – e não deve – ser utilizada pelo Poder Público como instrumento de punição antecipada", para ao final declarar tanto que "o juiz arroga-se de autoridade ímpar, absolutista, acima da própria Justiça, conduzindo o processo ao seu livre-arbítrio" quanto que "contra 'bandidos' o Estado e seus agentes atuam como se bandidos fossem, à margem da Lei fazendo mossa da Constituição. E tudo com a participação do juiz, ante a crença de que qualquer violência é legítima se praticada em decorrência de uma ordem judicial".[1] Em suma, em 2010, época em que o Estado Democrático de Direito já estava em crise, o Supremo Tribunal Federal ainda afirmava a existência de limites à persecução penal. Em 2016, já na era pós-democrática, pelo menos em vários dos processos relacionados à Operação Lava Jato, que contaram até o impeachment da presidenta eleita com amplo apoio dos principais meios de comunicação de massa, esses limites parecem ter evaporado.

Por fim, o processo de impeachment de 2016, que foi objeto de uma narrativa novelizada dos meios de comunicação de massa, é o terceiro caso exemplar do

---

1. Para o inteiro teor do voto: HC 95518/PR.

ESTADO PÓS-DEMOCRÁTICO

funcionamento do Sistema de Justiça no Estado Pós-
-Democrático. Não poucas nulidades, que no Estado
Democrático de Direito seriam consideradas e reco-
nhecidas, foram observadas ao longo do procedimento
que culminou com o impedimento da presidenta democraticamente eleita.

De início, há motivos para acreditar no vício de ini-
ciativa do processo a partir de um desvio de finalidade.
Segundo essa tese, o então presidente da Câmara dos
Deputados, Eduardo Cunha, posteriormente preso no
âmbito da Operação Lava Jato, ao dar prosseguimento
ao processo de impeachment em desfavor da presidenta
não tinha o objetivo de apurar eventual crime de responsabilidade, mas o de retaliar a decisão do partido
de Dilma Rousseff (Partido dos Trabalhadores) de
recusar apoiá-lo no processo em que respondia na
Comissão de Ética da Câmara dos Deputados. Importante lembrar que, nas últimas décadas, vários pedidos
de impeachment foram protocolados em desfavor de
todos os últimos presidentes da República, alguns
desses processos por fatos mais graves e com maior su-
porte probatório do que o formulado por Miguel Reale
Júnior, Janaina Paschoal e Hélio Bicudo que resultou
na queda do governo Dilma.

No curso do processo, verificaram-se também diversas manifestações que caracterizavam quebra da
imparcialidade exigida dos julgadores, tanto na Câmara
quanto no Senado. O fato de o julgamento ter dimensão

206

O ESTADO PÓS-DEMOCRATICO NO BRASIL

política não significa que os parlamentares-julgadores podem decidir de forma antecipada sem preocupação com os fatos atribuídos ao réu e sem amparo nas provas. O julgamento é político em respeito aos votos que conduziram o mandatário ao governo, isto é, como garantia da democracia e não como autorização para julgar fato diverso daquele que constava do pedido de impeachment ou sem a existência concreta de provas de crime de responsabilidade.

Essa violação da imparcialidade torna-se evidente ao se constatar que "julgadores" chegaram a pedir "réplica", instrumento típico das partes em um processo judicial, para contradizer o teor das declarações das testemunhas arroladas pela defesa de Dilma Rousseff. Vale registrar, ainda, que vários dos parlamentares que atuaram como os juízes do impeachment respondiam a processos criminais, alguns dos quais relacionados à Operação Lava Jato. É simbólico que, pouco tempo antes do julgamento, em um vazamento telefônico entre Romero Jucá, o presidente do PMDB (partido do vice-presidente da República e principal favorecido com o impeachment), então ministro do governo interino, e outro investigado, o teor da conversa passasse pela declaração da necessidade de afastar definitivamente a presidenta Dilma Rousseff como condição para "abafar", isto é, parar a Lava Jato.

Na Câmara dos Deputados, por ocasião do juízo de admissibilidade da acusação de crimes de responsabili-

ESTADO PÓS-DEMOCRÁTICO

dade em desfavor da presidenta Dilma Rousseff, a ausência de motivação constitucionalmente adequada, que deveria guardar relação com os elementos do processo, foi evidente: deputados justificavam seus votos em nome de "Deus", da "família" e até da memória de um militar reconhecido como torturador. No Senado, encerrado o julgamento, alguns parlamentares que votaram pelo impeachment da presidenta eleita chegaram a afirmar a repórteres que Dilma Rousseff não praticou qualquer crime de responsabilidade.

Também chamou atenção a ausência de vários senadores, que depois atuaram como juízes do processo de impeachment, durante a coleta das provas produzidas pelas partes. Julgaram, portanto, sem levar em consideração o material probatório, o que não seria admitido no marco do Estado Democrático de Direito. A desconsideração do material probatório, que conduz a juízos moralistas e disciplinantes sobre as pessoas, sem levar em consideração os fatos atribuídos aos acusados, e faz com que o processo deixe de ser um exercício cognitivo para se tornar expressão pura de um poder incontrastável, é uma característica não só dos modelos autoritários de justiça como também se revela adequada à razão neoliberal: a necessidade de provas, como já tinha ocorrido no processo do Mensalão, deixou de ser um obstáculo à exclusão dos indesejáveis.

Da mesma maneira que se deu na Operação Lava Jato, a utilização da forma jurídica impeachment para

O ESTADO PÓS-DEMOCRÁTICO NO BRASIL

afastar a presidenta eleita, mesmo que em desconformidade com a normatividade constitucional que exigia para tanto a demonstração cabal da prática de crime de responsabilidade, também atendeu à logica neoliberal, em especial por criar condições para a abertura sem limites do mercado às corporações internacionais. Nesse particular, é esclarecedor o exemplo da negociação que envolveu a permissão da exploração do pré-sal por empresas internacionais, contra a diretriz sustentada pelo governo deposto.

Em comum, nos três processos mencionados há a manipulação do significante "corrupção" para afastar direitos e garantias fundamentais. Mais do que uma perversão atribuível aos atores de cada um desses procedimentos, o que há em comum é a razão neoliberal que condiciona, ainda que inconscientemente, a atuação dos julgadores e demais atores jurídicos. Isso explica, por exemplo, o fato de Joaquim Barbosa, protagonista do caso Mensalão, ser um crítico ácido tanto da Lava Jato quanto do processo de impeachment de Rousseff. A razão neoliberal, como toda manifestação ideológica, prescinde da consciência de seus agentes.

Nos processos do Mensalão, da Lava Jato e do impeachment de Rousseff tem-se a reprodução da estratégia de tornar a corrupção dos detentores do poder econômico e de seus aliados políticos invisível, transformando o Estado e seus inimigos em bodes expiatórios, o que se mostra adequado ao projeto neo-

ESTADO PÓS-DEMOCRÁTICO

liberal. Ao se referir às práticas observadas nos processos relacionados à Lava Jato, destacando a finalidade política do vazamento do conteúdo de interceptações telefônicas, Jessé de Souza destaca a falta de limites dos atores jurídicos.

Esse vazamento do conteúdo da conversa entre Dilma Rousseff, então presidenta da República, e Lula da Silva, que, segundo Jessé de Souza, "em qualquer país decente teria levado a consequências severas, como a perda do cargo" do responsável pelo vazamento ilegal, é o melhor exemplo dessa falta de limites que caracteriza o funcionamento do Estado Pós-Democrático. Uma falta de limites direcionada à criminalização da política, à crença de que não há espaço para tratar do comum, o que também é funcional à razão neoliberal.

17. Violência e corrupção no Estado Pós-Democrático

Vive-se uma quadra histórica que conjuga o empobrecimento tanto da linguagem, típico dos momentos de fascistização (que se caracterizam pela ode à ignorância, o medo da liberdade e a aposta em soluções de força para os mais variados problemas), quanto do imaginário (instaurou-se um modelo de pensamento simplificador, incapaz de compreender a complexidade dos fenômenos) com um processo de mutação do simbólico, com a perda da importância dos limites, em proveito do regime valorativo das mercadorias, de modo que nada possa ser tido como mais importante do que a livre circulação das mercadorias, o desenvolvimento do espetáculo e a satisfação dos desejos/

ESTADO PÓS-DEMOCRÁTICO

perversões da parcela da sociedade que detém o poder econômico e/ou político.

Por tudo isso, não causa surpresa o tratamento simplista conferido aos fenômenos da "violência" e da "corrupção" na pós-democracia, bem como falhas na percepção da conexão entre esses dois dados da realidade. A violência, por exemplo, é percebida apenas em seu sentido vulgar, naquilo que Slavoj Žižek chamou de "violência subjetiva", a violência de uma pessoa contra outra, o aspecto visível do fenômeno violência. Esquece-se de que, ao lado da violência vulgar, existe a violência estrutural/sistêmica (aquela que é consequência do funcionamento e das perversões dos sistemas econômico, político e, por evidente, do Sistema de Justiça) e a violência simbólica (a violência encarnada na linguagem, isto é, na imposição de um universo de sentido, muitas vezes condicionado por preconceitos, por pré-compreensões autoritárias). E o pior: não se enxerga que a violência visível é, em regra, produto de uma outra, oculta. Por desconhecer a conexão entre as diversas formas de violência, ações que, no plano do discurso oficial, direcionam-se à redução da violência ou da corrupção, no lugar de reduzir esses fenômenos, podem aumentá-los. E fazem isso, por exemplo, ao manter prisões desnecessárias. O mesmo se dá em relação ao fenômeno corrupção, que, por definição, é a violação

VIOLÊNCIA E CORRUPÇÃO NO ESTADO PÓS-DEMOCRÁTICO

dos padrões normativos do sistema. Não raro, com a boa intenção de "combater a corrupção" do sistema político, acaba-se por corromper o Sistema de Justiça e mesmo as bases democráticas.

No Estado Pós-Democrático, não há necessidade de que se assuma o "custo" democrático de dar concretude aos direitos e garantias fundamentais. Se é possível responder às violações dos padrões normativos em respeito aos direitos e garantias fundamentais, a razão neoliberal aponta que é mais fácil afastá-los. Como desapareceu o valor "democracia" no exercício do poder, as práticas do Estado passam a ser pautadas exclusivamente com base em critérios economicistas, de eficiência, sem limites éticos ou jurídicos.

Na pós-democracia, os mecanismos tradicionais de controle e apuração da corrupção não dão mais conta de identificar e reagir aos episódios de corrupção. Na realidade, a corrupção passa a ter um novo funcionamento e uma nova lógica em consequência da aproximação entre os poderes político e econômico, levando à transformação do interesse privado dos detentores do poder econômico em interesse público. Com a mudança da relação entre a esfera pública e a privada, que se dá no momento em que o poder político se identifica com o poder econômico, ocorre uma mutação no paradigma da corrupção real. Isso porque desaparece o conflito de interesses entre os projetos do poder político e os in-

ESTADO PÓS-DEMOCRÁTICO

teresses privados. Desaparece a mediação que existia entre corruptor, corrompido e o objeto da corrupção: o corruptor realiza diretamente o ato corrompido. Não há mais uma relação oculta voltada a produzir efeitos econômicos a partir do poder político; os interesses privados passam a ser tratados, sem qualquer disfarce, como "interesses públicos".

Diante da nova configuração e dinâmica da corrupção no Estado Pós-Democrático, o discurso do "combate à corrupção" e as ações a ele correlatas passam a ser apenas tentativas de moralização do campo do imaginário relacionado à atividade estatal, sem a preocupação com a corrupção produzida pelo mercado e ineficaz em relação à corrupção real.

Ao lado da ineficácia de pretender combater a corrupção através do Sistema de Justiça Criminal, existe a funcionalidade real da utilização do significante "corrupção" no intuito de autorizar o afastamento de direitos e garantias previstos na legislação brasileira. A sensação de corrupção aumenta no Estado Pós-Democrático, e cresce também o apelo popular por medidas que eliminem a corrupção. É esse apelo popular que acaba manipulado para permitir o afastamento dos limites éticos e jurídicos ao exercício do poder penal.

Ao longo da história do Brasil, o discurso de "combate à corrupção" sempre foi utilizado contra os inimi-

VIOLÊNCIA E CORRUPÇÃO NO ESTADO PÓS-DEMOCRÁTICO

gos dos detentores do poder econômico. Isso se deu com os ex-presidentes Getúlio Vargas, João Goulart, Lula e Dilma. Nas raras vezes em que não houve uma plena identificação entre poder político e poder econômico, as elites econômicas, amparadas nos seus meios de comunicação de massa, recorreram ao significante "corrupção" a fim de enfraquecer adversários, pautar governos ou criar condições para golpes de Estado, brandos ou severos. O falso (e seletivo) combate à corrupção, como percebeu Jessé de Souza, surge no Brasil "como o testa de ferro universal de todos os interesses inconfessáveis que não podem se assumir enquanto tais".

Na pós-democracia, esse processo de utilização política da "corrupção", sempre atribuída ao outro, torna-se ainda mais fácil. Isso se dá através da transformação do "combate à corrupção" em mercadoria, um bem que não apresenta contornos rígidos, é maleável e seletivo, mas que acaba vendido como de interesse de todos e utilizável contra todos os indesejáveis. A mercadoria "combate à corrupção" tem consumidores cativos, um público formatado para aplaudir qualquer ato que se afirma "contra a corrupção", mesmo que ineficaz ou draconiano. O "combate à corrupção" vendido à população, sempre ao gosto dos proprietários dos meios de comunicação de massa, não atinge as elites econômicas nem seus privilégios, mas permite

ESTADO PÓS-DEMOCRÁTICO

ações, nem sempre legítimas, contra os indesejáveis. Esse "combate" conta com os ingredientes que permitem transformar processos judiciais em espetáculos, políticos amados em odiados, inquisidores em heróis, uma vez que essa mercadoria possibilita todo tipo de distorção e manipulação afetiva do público, em especial daqueles que se eximem da faculdade de julgar em razão das informações, em regra parciais, por vezes deliberadamente equivocadas, que recebem dos conglomerados empresariais que produzem o "jornalismo" brasileiro.

Na pós-democracia, recorre-se engenhosamente ao discurso do "combate à corrupção" com a finalidade política de autorizar a corrupção do sistema de direitos e garantias fundamentais, vistos como obstáculos ao mercado e à gestão da pobreza através do Sistema de Justiça Criminal. Não por acaso, cada proposta de ampliação do poder penal direcionado ao combate à corrupção significa a restrição de direitos e de garantias processuais de investigados ou acusados.

O Estado Pós-Democrático, em suma, revela-se uma forma corrompida do Estado Democrático de Direito. No entanto, essa corrupção é vista como natural. Mais do que isso, o Estado Pós-Democrático torna-se o *locus* de uma nova expressão da corrupção que envolve Estado e mercado, ainda mais difícil de

VIOLÊNCIA E CORRUPÇÃO NO ESTADO PÓS-DEMOCRÁTICO

controlar. Diante do fracasso ou mesmo da falta de interesse em identificar ou reprimir essas novas corrupções, utiliza-se o significante "corrupção" com a função política de justificar o afastamento de limites ao poder.

18. Democracia: coragem para restabelecer as regras do jogo

O Estado Democrático de Direito, como já se viu, caracterizava-se pela existência de limites ao exercício do poder. De forma resumida, pode-se afirmar que tais limites eram as "regras do jogo" democrático, normas e princípios sempre adequados ao projeto constitucional. Ao lado dos direitos e garantias fundamentais, que deveriam funcionar como trunfos contra a opressão – e assegurar a concretização dos direitos das minorias contra o desejo de maiorias de ocasião –, também estão previstos na Constituição da República as regras que deveriam condicionar a elaboração de leis e mesmo a modificação da própria Constituição, bem como as competências e atribuições que serviam à legitimação da atuação dos órgãos e agentes públicos. Na pós-democracia, esses limites, regras e procedimentos desapareceram ou perderam importância.

No plano ideal, caberia ao Poder Judiciário a função de garantidor do Estado Democrático de Direito e, portanto, das "regras do jogo". Isso porque, nos termos da Constituição da República, cabe aos diversos órgãos do Poder Judiciário a concretização dos direitos e garantias fundamentais, bem como o controle acerca da adequação constitucional dos atos do Poder Executivo e do Poder Legislativo. Para assegurar direitos e garantias fundamentais, inclusive das minorias, bem como o respeito ao projeto constitucional, o Poder Judiciário deveria ser contramajoritário. Isso significa que todos os órgãos do Poder Judiciário deveriam julgar em atenção às normas que se extraem da Constituição da República, mesmo contra o desejo das maiorias de ocasião (muitas vezes forjadas, ou deformadas, pelos meios de comunicação de massa), sempre que isso fosse necessário para fazer cumprir as "regras do jogo democrático". No Estado Democrático de Direito, portanto, não deveria existir espaço para qualquer espécie de populismo judicial, isto é, os órgãos jurisdicionais não poderiam violar a Constituição para agradar a opinião pública(da). No Estado Pós-Democrático, o que acontece é rigorosamente o contrário: as "regras do jogo" podem ser alteradas de acordo com os interesses dos detentores do poder econômico ou dos espectadores do espetáculo.

DEMOCRACIA

Percebe-se, pois, que só será possível reconstruir o Estado Democrático de Direito se os membros das agências estatais, em especial do Poder Judiciário, forem dotados da coragem necessária para fazer cumprir o projeto constitucional. Coragem que falta sempre que as decisões judiciais se distanciam das normas constitucionais para atender às maiorias de ocasião ou se submeter aos interesses dos grandes grupos econômicos e daqueles que detêm o poder político. Sem coragem para fazer valer as "regras do jogo", não há Estado Democrático de Direito, e sim mero simulacro, aquilo que se está a chamar de Estado Pós-Democrático.

Coragem, virtude em desuso na vida pública, significa capacidade de superar o medo, de assumir riscos, sem motivação egoística. A coragem que funciona como condição de possibilidade da democracia, esse valor capaz de qualificar o Estado de Direito, é desinteressada, generosa e comprometida apenas com o projeto constitucional. Evidentemente, não significa a ausência de medo, mas a consciência de que o temor deve ser superado em nome da concretização dos direitos e das garantias fundamentais. O Poder Judiciário não pode se curvar às pressões para descumprir a Constituição da República. Deve, portanto, impor limites ao Estado Penal, mesmo quando a opinião pública, não raro forjada a partir da desinformação, defenda sua ampliação. Não pode deixar de contrariar o desejo da maioria,

ESTADO PÓS-DEMOCRÁTICO

sempre que os direitos fundamentais das minorias estiverem em risco. Precisa consagrar a liberdade, apesar das perversões inquisitoriais de parcela da população e dos interesses que apostam no cárcere, e assegurar os direitos fundamentais, reafirmando limites éticos e legais, ainda que estes possam ser percebidos por parcela da população como obstáculos à eficiência repressiva do Estado.

Como já mencionado, a quadra histórica pós--democrática é marcada por um processo que envolve profunda dessimbolização e empobrecimento do imaginário, com todos os valores ("vida", "liberdade", "intimidade" etc.) a serem tratados como se fossem mercadorias (e, portanto, negociáveis), o que não só dificulta a percepção da importância da virtude da "coragem" como também favorece a expansão do vício da "covardia".

As figuras transcendentes, os valores e as garantias perderam importância ou foram simplesmente substituídos pelo valor "mercadoria". Não se deve estranhar, por esse motivo, a simpatia e a naturalidade com que são recebidas as análises econômicas do direito e da sociedade, bem como a percepção de que os direitos fundamentais – resultados de lutas concretas de homens e mulheres – são obstáculos à eficiência do Estado e, sobretudo, do mercado. Esse processo rumo à alteração e perda de substância do sistema sociolinguístico que

DEMOCRACIA

estrutura o campo da experiência acaba por gerar a insensibilidade social a que, a partir de outra perspectiva, Bauman denunciou como "cegueira moral". Não por acaso, há quem aponte para a existência de atores sociais (e, no parlamento brasileiro, exemplos não faltam) que rigorosamente se querem desligados e sem nada acima deles que impeça a maximização de seus empreendimentos. As relações humanas, o processo de acumulação do capital e as trocas de mercadorias não se encontram mais protegidas ou limitadas por um poder superior indiscutível transcendental, moral ou mesmo jurídico. Em linhas gerais, o "excesso de capitalismo" deu início ao Estado Pós-Democrático com o objetivo de facilitar a circulação de mercadorias e a acumulação do capital.

De alguma forma, a razão instrumental, fundamental ao desenvolvimento do capitalismo, acabou por constranger e reduzir o âmbito de incidência da razão crítica, a faculdade de julgar *a priori* sobre o que é certo ou errado, justo ou injusto. Em nome dos objetivos do capitalismo, os limites foram relativizados ou extintos. Pode-se, com Dany-Robert Dufour, afirmar que o capitalismo, após consumir corpos, levou também à "redução das cabeças".

Impõe-se, diante desse quadro, concretizar a Constituição da República e resgatar a virtude da coragem como condição para a imposição de limites ao arbítrio e à opressão. Caso contrário, derrubadas ilegais de

ESTADO PÓS-DEMOCRÁTICO

governos democraticamente eleitos, violações do processo legislativo, prisões desnecessárias, chantagens processuais, provas ilícitas, decisionismos e outros fenômenos autoritários encontrarão amplo campo para se expandir.

19. Em busca da liberdade perdida

O empobrecimento do debate público brasileiro, correlato ao surgimento do Estado Pós-Democrático tupiniquim, com a redução do pensamento ao modelo binário-bélico (amigo/inimigo, bem/mal etc.), faz com que a complexidade dos fenômenos sociais seja ignorada e que correntes de pensamento, que buscam tratar com alguma sofisticação (ou mesmo a partir de princípios) das diversas questões envolvendo os conflitos sociais, percam importância ou acabem ignoradas.

Hoje, no momento em que direitos e garantias individuais são afastados com naturalidade por serem percebidos como empecilhos ao livre desenvolvimento do mercado e à eficiência punitiva do Estado, lamenta-se a ausência de debates sobre o agigantamento do Estado

ESTADO PÓS-DEMOCRÁTICO

Penal. Lamenta-se a ausência de debates que tratem da amplitude e importância do valor "liberdade".

A liberdade é uma conquista da humanidade. Reduzir a importância do valor "liberdade" aos limites da racionalidade neoliberal é um claro sintoma de autoritarismo e, mais do que isso, um passo rumo à barbárie. Como deixou claro Norberto Bobbio: "A liberdade, introduzida pelos liberais, introduzida no sentido que a teorizaram e criaram instituições jurídicas várias para garanti-la, reassumindo-a na conhecida fórmula do 'Estado de direito', é uma conquista civil, é uma conquista da civilização, uma daquelas conquistas que a humanidade deverá integrar e enriquecer, não deixar dissipar, porque voltar atrás significa barbarização. Que os burgueses hoje estejam dispostos [...] a deixá-la cair, a fim de salvar os seus privilégios, significa simplesmente que os burgueses não são mais liberais, não significa absolutamente que a liberdade individual não seja mais um valor para o homem."

O argumento, muitas vezes utilizado tanto por reacionários quanto por esquerdistas saudosos de práticas autoritárias, de que a "liberdade burguesa é para poucos" e, portanto, "pode ser ignorada" ou "deve ser destruída" é falacioso. A uma, porque confunde o valor liberdade (universal), com a ideia de "liberdade burguesa", expressão histórica de uma classe particular. A duas, pois se a liberdade é para poucos, a perspectiva democrática (democracia entendida, para

EM BUSCA DA LIBERDADE PERDIDA

além da participação popular na tomada de decisões) aponta para a ampliação do âmbito de incidência dos direitos fundamentais. A luta, portanto, deve ser por expandir a liberdade e os instrumentos que servem para garanti-la, em vez de suprimi-los da parcela favorecida da sociedade.

Compreender a liberdade, como valor universal na atual quadra histórica, não é simples. Em contextos neoliberais e, portanto, acostumados com a desregulamentação, os excessos, o narcisismo e perspectivas autoritárias, torna-se ainda mais complicado entender o significado e o alcance do valor "liberdade". Vale notar que as guerras em nome da liberdade, promovidas por governos e corporações estadunidenses — a Guerra do Iraque talvez seja o exemplo mais explícito da utilização bélica da palavra "liberdade", na medida em que todas as demais justificativas para esse conflito falharam na missão de legitimar o empreendimento militar- -empresarial –, e o afirmado "excesso de liberdade contemporâneo" (em que todos são levados a acreditar que podem tudo) são, respectivamente, manifestações de terror e de opressão, ainda que *soft*. Nunca a palavra "liberdade" foi tão distorcida e pervertida.

Não causa surpresa, portanto, o repúdio de parcela da sociedade (pessoas tanto de "direita" quanto de "esquerda") às críticas direcionadas aos abusos cometidos no Sistema de Justiça Criminal. A partir da crença nos "efeitos mágicos" (para utilizar a expressão de

ESTADO PÓS-DEMOCRÁTICO

Raúl Zaffaroni) atribuídos ao poder penal, ouviu-se muita gente relativizar ilegalidades, afinal elas "sempre atingiram os pobres que figuravam como réus em processos criminais". Ao contrário de expressar preocupação diante do risco de violação a direitos e garantias fundamentais (de todos, portanto), uma parcela da sociedade passou a aplaudir "o fim da seletividade".

No lugar do democrático "direitos para todos", o *slogan* igualitário foi substituído por "ilegalidade para todos". Em vez da solução emancipatória, de aproveitar a oportunidade para reafirmar os direitos e as garantias fundamentais e clamar para que os pobres tenham os mesmos direitos e garantias assegurados aos réus que detêm o poder econômico, a aposta foi no obscurantismo.

Às gerações mais novas, o desafio é virar o jogo e desconstruir o Estado Pós-Democrático. Ressimbolizar o mundo, desmercantilizar a vida e resgatar os direitos e as garantias fundamentais considerados empecilhos intransponíveis ao exercício do poder, de qualquer poder. O poder ilimitado, e exemplos históricos não faltam, leva à destruição tanto da sociabilidade quanto da própria vida. Restringir o poder passa por insistir com o direito como obstáculo ao arbítrio e à opressão, mas também por redescobrir a política como arte e disciplina do comum, condição de possibilidade da construção de um *comum*, de um novo estado das coi-

EM BUSCA DA LIBERDADE PERDIDA

sas que não necessite da repressão para ser mantido. Por fim, é necessário ter coragem para redescobrir a "liberdade", não como um fim em si mesmo, não como a liberdade de empresa ou a liberdade de ter, mas como meio de exercer as potencialidades da pessoa humana.

Referências bibliográficas

ADORNO, Theodor W. "Escritos sociológicos II, vol. 1". In *Obras completas*, 9/1. Madri: Akal, 2009.

AGAMBEN, Giorgio. *L'uomo senza contenuto* Macerta: Quodlibet, 1994, p. 96.

ALBRECHT, Peter-Alexis. *Criminologia: uma fundamentação para o direito penal* (trad. Juarez Cirino dos Santos e Helena Schiessl Cardoso). Rio de Janeiro: Lumen Juris, 2010.

ALEXY, Robert. *Teoría de los Derechos Fundamentales*. Madri: Centro de Estudios Constitucionales, 1997.

ARENDT, Hannah. *Eichmann em Jerusalém*. São Paulo: Companhia das Letras, 1999.

ÁVILLA, Humberto Bergmann. *Teoria geral dos princípios*. São Paulo: Malheiros, 2003.

BADARÓ, Gustavo. *Processo Penal*. Rio de Janeiro: Elsevier, 2012.

BARROS, Suzane de Toledo. *O princípio da proporcionalidade e o controle da constitucionalidade das leis restritivas de direitos fundamentais*. Brasília: Brasília Jurídica, 1996.

ESTADO PÓS-DEMOCRÁTICO

BARROSO, Luis Roberto. *Interpretação e aplicação da Constituição: fundamentos de uma dogmática transformadora*. São Paulo: Saraiva, 1996.

_____. "Princípio da proporcionalidade". In *Revista Forense*, v. 336. Rio de Janeiro: Forense, 1996.

_____. *O novo direito constitucional brasileiro: contribuições para a construção teórica e prática da jurisdição constitucional no Brasil*. Belo Horizonte: Fórum, 2012.

BECCARIA, Cesare. *Dos delitos e das penas* (trad. Lúcia Guidicini). São Paulo: Martins Fortes, 1991.

BINDER, Alberto M. *Política Criminal: de la formulación a la práxis*. Buenos Aires: Ad-Hoc, 1997.

BOBBIO, Norberto. *Igualdade e liberdade*. Rio de Janeiro: Ediouro, 1996.

_____. *Política e cultura* (trad. Jaime Clasen). São Paulo: Editora Unesp, 2015.

BOURDIEU, Pierre. *Sobre o Estado* (trad. Rosa Freire D'Aguiar). São Paulo: Companhia das Letras, 2014.

CANOTILHO, José Joaquim Gomes. *Direito constitucional e teoria da constituição*. Coimbra: Almedina, 2003.

_____. *Estudos sobre direitos fundamentais*. Coimbra: Coimbra Editora, 2004.

_____. "O ônus da prova na jurisdição de liberdades". In *Estudos sobre direitos fundamentais*. Coimbra: Coimbra Editora, 2004.

CARNELUTTI, Francesco. "Veritá, dubbio e certeza". In *Rivista di Diritto Processuale*, vol. XX. Padova: Cedam, 1965.

REFERÊNCIAS BIBLIOGRÁFICAS

CHOMSKY, Noam. *O lucro ou as pessoas? Neoliberalismo e ordem global.* (trad. Pedro Jorgensen Jr.). Rio de Janeiro: Bertrand Brasil, 2002.

COELHO, Luiz Fernando. *Direito constitucional e filosofia da Constituição.* Curitiba: Juruá, 2006.

CONSO, Giovanni. *Instituzioni di Diritto Processuale Penale.* Milão: Giuffrè, 1969.

CORDERO, Franco. *Procedura Penale.* Milão: Giuffré, 2006.

CROUCH, Colin. *Posdemocracia.* Madri: Taurus, 2004.

DARDOT, Pierre; LAVAL, Christian. *A nova razão do mundo: ensaio sobre a sociedade neoliberal* (trad. Mariana Echalar). São Paulo: Boitempo, 2016.

DEBORD, Guy. A sociedade do espetáculo. Rio de Janeiro: Contraponto, 1997.

DUFOUR, Dany-Robert. *A arte de reduzir as cabeças: sobre a nova servidão na sociedade ultraliberal.* Rio de Janeiro: Companhia de Freud, 2005.

DWORKIN, Ronald. *Los derechos en serio* (trad. Marta Guastavino). Barcelona: Ariel, 1999.

FABRICIUS, Dirk. *Culpabilidade e seus fundamentos empíricos* (trad. Juarez Tavares e Frederico Figueiredo). Curitiba: Juruá, 2009.

FERRAJOLI, Luigi. "O direito como sistema de garantias". In *O novo em direito e política* (org. José Alcebíades Oliveira Júnior). Porto Alegre: Editora do Advogado, 1997.

_____. *Direito e razão: a teoria do garantismo penal* (trad. Fauzi Hassan Choukr). São Paulo: Revista dos Tribunais, 2002.

ESTADO PÓS-DEMOCRÁTICO

_____. *Poderes salvajes. La crisis de la democracia constitucional.* Madri: Trotta, 2011.

_____. *Principia Juris: Teoría del Derecho y de la Democracia.* Vol. 2 *Teoria de la Democracia* (trad. Perfecto Ibáñez, Carlos Byón, Marina Gascón, Luis Sanchís e Alfonso Miguel). Madri: Trotta, 2011.

FLUSSER, Vilém. *Pós-história: vinte instantâneos e um modo de usar.* São Paulo: Duas Cidades, 1983.

FOUCAULT, Michel. *Vigiar e punir.* Petrópolis: Vozes, 1977.

FREUD, Sigmund. *Totem e tabu* (trad. Órizon Carneiro Muniz). Rio de Janeiro: Imago, 1999.

FROMM, Erich. *Fuga dalla libertà* (trad. Cesare Mannucci). Roma: Librimondadori, 1994.

GARAPON, Antoine. *O juiz e a democracia: o guardião das promessas* (trad. Maria Luiza de Carvalho). Rio de Janeiro. Revan, 1999.

_____. *La Raison du moindre État. Le néoliberalisme et la Justice.* Paris: Odile Jacob, 2010.

GOMES, Luiz Flávio. "Sobre o conteúdo processual tridimensional da presunção de inocência". In *Estudos de Direito Penal e Processual Penal.* São Paulo: Editora Revista dos Tribunais, 1998.

GREVI, Vittorino. "Misure Cautelari". In *Compendio di Procedura Penale.* Padova: Cedam, 2010.

GUERRA FILHO, Willis Santiago. *Ensaios de teoria constitucional.* Fortaleza: UFC –Imprensa Universitária, 1989.

_____. *Processo constitucional e direitos fundamentais.* São Paulo: RCS, 2005.

REFERÊNCIAS BIBLIOGRÁFICAS

HABERMAS, Jürgen; RATZINGER, Joseph. *Dialética da secularização: sobre razão e religião* (trad. Alfred Keller). Aparecida: Ideias e letras, 2007.

HAN, Byung-Chul. *A agonia de Eros* (trad. Miguel Pereira). Lisboa: Relógio D'Água, 2014.

_____. *Sociedade do cansaço* (trad. Enio Giachini). Rio de Janeiro: Vozes, 2015.

HARVEY, David. *Para entender O capital: livro I* (trad. Rubens Enderle). São Paulo: Boitempo, 2013.

IBÁÑEZ, Perfecto Andrés. *Justicia Penal, Derechos y Garantías*. Lima: Palestra, 2007.

_____. *Tercero en Discordia: Jurisdicción y Juez del Estado Constitucional*. Madri: Trotta, 2015.

JARDIM, Afrânio Silva. *Direito processual penal: estudos e pareceres*. Rio de Janeiro: Lumen Juris, 2013.

KARAM, Maria Lúcia. *A privação da liberdade: o violento, danoso, doloroso e inútil sofrimento da pena. Escritos sobre a liberdade*. Vol. 7. Rio de Janeiro: Lumen Juris, 2009.

KATO, Maria Ignez Baldez. *A (des)razão da prisão provisória*. Rio de Janeiro: Lumen Juris, 2005.

LEBRUN, Jean-Pierre. *Um mundo sem limite: ensaios para uma clínica psicanalítica do social*. Rio de Janeiro: Companhia de Freud, 2004.

LEGENDRE, Pierre. *Dominium Mundi. El Imperio del Management*. Buenos Aires: Amorrortu, 2008.

LIPOVETSKY, Gilles. *A era do vazio* (trad. Miguel Pereira e Ana Faria). Lisboa: Edições 70, 2014.

_____; SERROY, Jean. *Estetização do mundo. Viver na era do capitalismo artista* (trad. Eduardo Brandão). São Paulo: Companhia das Letras, 2015.

MACHADO, Antônio Alberto. *Teoria geral do processo penal*. São Paulo: Atlas, 2009.

MAIER, Julio B. J. *Derecho Procesal Penal: III parte General: Actos Procesales*. Buenos Aires: Editores del Puerto, 2011.

MANZINI, Vincenzo. *Tratado de Derecho Procesal Penal*, tomo I (trad. Santiago Sentis Melendo e Marino Ayerra Redin). Buenos Aires: Ediciones Jurídicas Europa-América, 1951.

MARQUES, José Frederico. *Elementos de direito processual penal*, vol. IV. Campinas: Bookseller, 1988.

MARTINS, Rui Cunha. *O ponto cego do direito: the brazilian lessons*. Rio de Janeiro: Lumen Juris, 2010.

MARX, Karl. *O capital: crítica da economia política: Livro 1* (trad. Rubens Enderle). São Paulo: Boitempo, 2013.

MASCARO, Alysson Leandro. *Estado e forma política*. São Paulo: Boitempo, 2013.

MEDEIROS, Osmar Fernando de. *Devido processo legal e indevido processo penal*. Curitiba: Juruá, 2002.

MELMAN, Charles. *O homem sem gravidade: gozar a qualquer preço* (trad. Sandra Felgueiras). Rio de Janeiro: Companhia de Freud, 2008.

MENDES, Gilmar Ferreira. *Direitos fundamentais e controle de constitucionalidade: estudos de direito constitucional*. São Paulo: Saraiva, 2004.

MÉSZÁROS, István. *A montanha que devemos conquistar* (trad. Maria Lagoa). São Paulo: Boitempo, 2015.

MONTESQUIEU, Charles de Secondat. *O espírito das leis* (trad. Cristina Muracho). São Paulo: Martins Fontes, 1993.

REFERÊNCIAS BIBLIOGRÁFICAS

NEDER, Gizlene. *Discurso jurídico e ordem burguesa no Brasil*. Porto Alegre: Sérgio Antônio Fabris Editor, 1995.

NEGRI, Antonio. *La fabrica de porcelana*. Barcelona: Paidós, 2008.

NEUMANN, Franz. *Estado democrático e Estado autoritário* (trad. Luiz Corção). Rio de Janeiro: Zahar Editores, 1969.

NICOLITT, ANDRÉ. *Manual de processo penal*. Rio de Janeiro: Elsevier, 2012.

NUNES, António José Avelãs. *As voltas que o mundo dá*. Rio de Janeiro: Lumen Juris, 2011.

OLIVEIRA, Eugênio Pacelli de. *Processo e hermenêutica na tutela penal dos direitos fundamentais*. Belo Horizonte: Del Rey, 2004.

OLIVEIRA, Odete Maria de. *Prisão, um paradoxo social*. Florianópolis: UFSC, 1984.

OPPENHEIM, Felix. "Liberdade". In *Dicionário de Política* (orgs. Norberto Bobbio, Nicola Matteucci e Gianfranco Pasquino). Brasília: Editora Universidade de Brasília, 2010.

PRADO JR., Caio. *O que é liberdade: capitalismo x socialismo*. São Paulo: Brasiliense, 1999.

PRADO, Geraldo. *Sistema acusatório*. Rio de Janeiro: Lumen Juris, 2001.

RUSCHE, Georg; KIRCHHEIMER, Otto. *Punição e estrutura social* (trad. Gizlene Neder). Rio de Janeiro: Revan, 2004.

SALAS, Denis. *La Volonté de punir. Essai sur le populisme pénal*. Paris: Pluriel, 2010.

ESTADO PÓS-DEMOCRÁTICO

SANTOS, Juarez Cirino dos. *Direito penal: parte geral.* Curitiba: ICPC; Lumen Juris, 2006.

SARLET, Ingo Wolfgang. *Curso de direito constitucional.* São Paulo: Editora Revista dos Tribunais, 2012.

SCHMITT, Carl. *O conceito de político* (trad. Geraldo de Carvalho). Belo Horizonte, Del Rey, 2009.

SERRANO, Nicolas Gonzales-Cuellar. *Proporcionalidad y Derechos Fundamentales en el Proceso Penal.* Madri: Colex, 1987.

SHIVA, Vandana. *Manifiesto para una democracia de la tierra* (trad. Albino Santos Mosqueta). Barcelona: Paidós, 2006.

SINTOMER, Yves. "¿Condenados a la posdemocracia?" In *Nueva Sociedad,* n. 267. Buenos Aires, 2017.

SOLIMINE, Marcelo A. *Tratado sobre las Causales de Excarcelación y Prisón Preventiva en el Codigo Procesal Penal de la Nación.* Buenos Aires: Ad-Hoc, 2003.

TIBURI, Marcia. *Olho de vidro: a televisão e o estado de exceção da imagem.* Rio de Janeiro: Record, 2011.

_____. *Filosofia prática.* Rio de Janeiro: Record, 2015.

_____. *Como conversar com um fascista.* Rio de Janeiro, 2016.

TORNAGUI, Hélio. *Manual de processo penal: prisão e liberdade.* Rio de Janeiro: Freitas Bastos, 1963.

_____. *Curso de processo penal,* vol. I. São Paulo: Saraiva, 1991.

TORRES, Jaime Vegas. *Presunción de inocencia y prueba en el Proceso Penal.* Madri: La Ley, 1993.

TÜRCKE, Christoph. *Sociedade excitada.* Campinas: Editora Unicamp, 2010.

REFERÊNCIAS BIBLIOGRÁFICAS

WACQUANT, Loïc. *Punir os pobres: a nova gestão da miséria nos Estados Unidos: a onda punitiva.* Rio de Janeiro: Revan, 2007.

WOLKMER, Antonio Carlos. *Ideologia, Estado e Direito.* São Paulo: Editora Revista dos Tribunais, 1989.

ZAFFARONI, Eugenio Raúl. *Em busca das penas perdidas: a perda da legitimidade do sistema penal* (trad. Vânia Pedrosa e Amir da Conceição). Rio de Janeiro: Revan, 1991.

_____. *La cuestión criminal.* Buenos Aires, Planeta, 2012.

ZAGREBELSKY, Gustavo. *Simboli al potere: politica, fiducia, esperanza.* Turim: Einaudi, 2012.

ŽIŽEK, Slavoj. *Violência* (trad. Miguel Serras Pereira). São Paulo: Boitempo, 2014.

O texto deste livro foi composto em Sabon LT Std,
desenho tipográfico de Jan Tschichold de 1964
baseado nos estudos de Claude Garamond e
Jacques Sabon no século XVI, em corpo 11/15,5.
Para títulos e destaques, foi utilizada a tipografia
Frutiger LT Std, desenhada por Adrian Frutiger em 1975.

A impressão se deu sobre papel off-white
pelo Sistema Cameron da Divisão Gráfica
da Distribuidora Record.